나를 지키는 비주얼 리터러시
안전 문해력

천천히읽는책_78

나를 지키는 비주얼 리터러시 **안전 문해력**

글 이형래
펴낸날 2025년 6월 16일 초판1쇄
펴낸이 김남호 | 펴낸곳 현북스
출판등록일 2010년 11월 11일 | 제313-2010-333호
주소 07207 서울시 영등포구 양평로 157, 투웨니퍼스트밸리 801호
전화 02) 3141-7277 | 팩스 02) 3141-7278
홈페이지 http://www.hyunbooks.co.kr | 인스타그램 hyunbooks
편집 전은남 | 책임편집 류성희 | 디자인 디.마인 | 마케팅 송유근 함지숙
ISBN 979-11-5741-440-6 73300
ⓒ 이형래 2025

이 책은 저작권법에 의하여 보호를 받는 저작물이므로 무단 전재 및 복제를 금지하며,
이 책 내용의 전부 또는 일부를 이용하려면 반드시 저작권자와 현북스의 허락을 받아야 합니다.
⚠️주의 종이에 베이거나 긁히지 않도록 조심하세요. 책 모서리가 날카로우니 던지거나 떨어뜨리지 마세요.

나를 지키는 비주얼 리터러시

안전 문해력

글 이형래

현북스

| 머리말 |

나를 지키는 안전 생활 가이드, 안전 문해력

　어린아이가 걸음마를 배울 때 부모는 아이의 작은 손을 꼭 잡고 한걸음, 한걸음 함께 나아갑니다. 학교에서는 선생님이 아이들에게 신호등 앞에서 어떻게 기다려야 하는지, 길을 건널 때 무엇을 살펴야 하는지 가르쳐 줍니다. 하지만 부모와 선생님이 언제까지나 아이들 곁을 지켜 줄 수는 없습니다. 언젠가는 혼자 걸어야 할 길, 그 길에서 길잡이가 되어 줄 것이 바로 '안전 문해력'입니다.

　안전 문해력은 보이지 않는 보호막과 같습니다. 그것은 자동차의 안전띠처럼 몸을 지켜 주고, 나침반처럼 올바른 길을 안내합니다. 위험한 상황에서도 스스로 판단하고 현명한 선택을 할 수 있도록 돕는 내 안의 안전 가이드입니다.

차가 빠르게 달려옵니다. 그냥 뛰어가야 할까요? 안전 문해력이 없는 사람은 '빨리 지나가야지'라고 생각할 수 있습니다. 하지만 안전 문해력을 가진 사람은 '보행자는 횡단보도를 이용해야 해, 운전자가 나를 볼 수 있는지 확인해야 해'라고 판단합니다. 보이지 않는 가이드가 내 안에 있어서 어디에서든 스스로 판단하고 안전한 길을 찾아갑니다.

보행자 신호가 초록불로 바뀌었다면? 그냥 건너도 될까요? 안전 문해력이 없는 사람은 '신호가 바뀌었으니 내가 먼저 가야지'라고만 생각할 것입니다. 하지만 안전 문해력이 있는 사람은 신호를 확인하는 것뿐만 아니라, 주변을 살피고 자동차가 완전히 멈췄는지까지 확인합니다. 눈에 보이지 않는 위험까지 읽어 내는 힘, 그것이 '안전 문해력'입니다.

엄마, 아빠, 선생님이 항상 곁에 있을 수는 없습니다. 하지만 안전 문해력을 익히면, 내 안에 보이지 않는 '안전 부모님', '안전 선생님'이 생깁니다. 어디를 가든 '여기는 안전할까?', '이렇게 행동하면 위험하지 않을까?' 하고 스스로 생각하는 습관이 자리 잡습니다. 그러면 길을 걸을 때도, 놀이공원이나 놀이터에서 놀 때도, 친구들과 함께할 때도, 학교에서 공부할 때도 스스로 안전한 선택을 할 수 있습니다.

안전 문해력은 단순한 교통 규칙에 대한 이해력이 아닙니다. 이것은 내 몸과 마음을 스스로 지키는 힘입니다. 엄마, 아빠가 손을 놓아도, 선생님이 옆에 없어도, 나는 내 안의 안전 가이드를 믿고 행동할 수 있습니다. 그러면 어디에서든 자신 있게, 걱정 없이 나아갈 수 있습니다.

안전 문해력을 키우려면 어떻게 해야 할까요? '무단 횡단'이 왜 위험한지, '보행자'는 어떤 사람을 뜻하는지, '차도'와 '보도'는 무엇이 다른지 생각해 봐야 합니다. 단어 하나하나에 담긴 의미를 이해하면, 세상을 보는 눈이 넓어집니다. '일단정지'라는 단어를 보고, 우리 삶에서 멈추고 생각해야 하는 순간들을 떠올릴 수도 있습니다. 이처럼 단어를 통해 세상의 의미를 확장하고, 깊이 있는 사고를 하게 된다면, 우리는 표지판을 읽는 사람이 아니라 세상을 읽는 사람이 될 것입니다.

안전 문해력은 길을 걸을 때만 필요한 것이 아닙니다.

학교에서도, 가정에서도, 그리고 우리가 살아가는 사회 곳곳에서도 안전 문해력이 필요합니다.

학교에서는 복도를 뛰어다니지 않고, '정숙' 표지판이 있는 곳에서는 작은 목소리로 이야기합니다. 가정에서는 전기 코드, 뜨거운 물, 촛불과 같은 위험 요소를 주의 깊게 살핍니다. 지하철에서 안전선 뒤에 서기, 엘리베이터에 기대지 않기, 에스컬레이터에서 손잡이 잡기, 횡단보도에서 자전거 타지 않기 등을 실천하며 사회 속에서 작은 행동으로 큰 안전을 만들 수 있습니다.

이 책은 학교, 가정, 그리고 사회에서 만날 수 있는 다양한 상황을 통해 안전 문해력을 익힐 수 있도록 준비했습니다. 눈으로 읽고, 마음으로 새기고, 몸으로 실천하는 안전 문해력. 이것이 우리 아이들에게 보이지 않는 날개가 되어 줄 것이라 믿습니다. 이제 부모님의 손을 놓아도, 안전 문해력이 우리 아이들을 지켜 줄 것입니다.

대학로 64 마로니에 꿈터 연구실에서

이형래

| 차례 |

1장 교통안전 생활

무단 횡단 금지 12 | 횡단보도 14
어린이 보호구역 16 | 눈·서리 시 미끄럼 주의 18
어린이 보호 20 | 학교 주변 도로 안전 안내문 22
책가방 속도 제한 표지 24 | 보행자 통행금지 26
자전거 횡단 28 | 자전거 도로 표지 30
자전거 통행금지 32 | 사고 다발 지역 34
자전거 진입 금지 36 | 일단정지 38
잠깐, 뒷문 승차는 위험해요 40 | 노약자 보호석 42
버스 안전 안내문 44 | 진입 금지 46
비상벨 48 | 공사 중 50
넘어짐 주의 52 | 낙석 주의 54
추락 주의 56 | 기대지 마세요 58
정숙, 주택 인접 구간 60

2장 학교생활

달팽이 천천히 64 | 출결 상황판 66
청소하자 68 | 교실 엽서 게시물 70
알림장 72 | 협동하는 2학년 2반 74
손 끼임 주의 76 | 화장실 변기 물 내리기 78
대피 경로 80 | 급경사 주의 82

안전 장구 보관함 84 | 소화용 모래 86
학교 시설 사용 안내 88 | 관계자 외 출입 금지 90
지진 옥외 대피 장소 92 | 예쁜 당신, 오래 봐요 94
비상구 96 | 모서리 부딪힘 주의 98
우리는 충돌을 거부함 100 | 학교폭력예방 및 대책에 관한 법률 102

3장 가정·사회생활

어린이 안전사고 발생 건수 106 | 안전 안내 문자 108
보호 장구는 필수입니다 110 | 생명이 끼입니다 112
전기 안전 114 | 콘센트 116
문어발식 배선 사용은 위험해요 118 | 가정용 소화기 사용법 120
취급 주의 122 | 낙서 금지 124
[대기] 좋음 126 | 미세요 128
관람객 안내판 130
놀이는 아이의 발달에 도움을 줍니다 132
약봉지 안내문 134 | 질병 예방 안내 136
응급조치 안내 138 | 촛불 끄는 방법 140
화재 발생 시 대피 방법 142 | 올바른 손 씻기 144
119에 전화하기 146 | 캠핑 안전 안내 148
식품 정보 150 | 안전띠는 생명 띠 152
안전 생활하기 154

1장
교통안전 생활

무단 횡단 금지

차가 다니는 도로에는 '무단 횡단 금지'라는 표지판이 있어요. 이 표지판의 내용은 보행자가 안전하게 길을 건널 수 있도록 도와주는 중요한 교통 규칙이에요.

'무단 횡단 금지'를 알맞게 해석한 것은?
① 보행자는 운전자가 신호를 줄 때만 길을 건널 수 있다.
② 차가 다니는 도로에서는 법으로 정한 교통 규칙에 따라 횡단보도로 건너야 한다.

'무단 횡단 금지'는 교통 신호를 지키지 않고 거리를 가로질러 가거나 횡단보도가 아닌 곳에서 도로를 가로질러 가는 것을 금지한다는 말이에요. 보행자가 신호등 규칙을 지키지 않고 건너면 법에 따라 처벌받아요. 보행자는 운전자와 눈을 마주치는 것이 좋지만, 운전자가 신호를 주더라도 함부로 길을 건너서는 안 돼요.

정답: ②

횡단보도는 보행 신호등이 녹색등일 때는 사람이 다니는 ☐☐이지만, 보행 신호등이 적색등일 때는 차가 다니는 ☐☐이다. (정답: 보도, 차도)

보
(步)
걸음

보도: 보행자가 통행하는 데 사용하는 도로.
보행: 걸어 다님.
보폭: 걸음을 걸을 때 앞발 뒤축에서 뒷발 뒤축까지의 거리.

횡단보도

 '횡단보도'를 건너지 않고 지낼 수 있을까요? 만일 그렇게 된다면 더욱 안전하게 생활할 수 있을 거예요.

'횡단보도'를 보고 알맞게 판단한 것은?
① 횡단보도에서는 보행자가 차량 통행과 관계없이 언제든지 자유롭게 건널 수 있다.
② 횡단보도를 건너기 전에 보행 신호등이 초록불인지, 차량이 멈췄는지 반드시 확인해야 안전하게 건널 수 있다.

'횡단보도'는 도로 위에 놓여 있어요. 그래서 '횡단보도'는 차가 다니는 차도로 이용돼요. 사람들이 '횡단보도'를 이용하는 시간은 보행 신호등에 녹색등이 켜졌을 때뿐이에요. 녹색등이 켜졌더라도 차가 멈췄는지 확인한 다음에 건너야 해요. '횡단보도'에서는 화살표가 있는 오른쪽으로 건너야 해요. 학교에 있는 복도, 계단에서 우측통행하는 것과 똑같아요.

정답: ②

신호등이 녹색등으로 바뀌기 전에는 ☐☐☐ 로 들어가면 안 돼요. (정답: 횡단보도)

횡
(橫)
가로

횡단: 도로나 강 따위를 가로지름.
횡서: 글씨를 가로로 쓰는 일.
횡포: 제멋대로 굴며 몹시 난폭함.

어린이 보호구역

　　어린이가 다니는 학교 주변에는 여러 가지 안전 안내문이 설치되어 있어요. 어린이는 이런 안내문을 잘 읽고 이해해야 해요.

사진의 '어린이 보호구역' 표시를 올바르게 이해한 것은?
① 이 표시가 있는 곳에서는 어른들이 어린이를 항상 보호해 주기 때문에 안심하고 놀아도 된다.
② 이 표시가 있는 곳에서는 어린이가 안전하게 다닐 수 있도록 모든 사람이 함께 노력해야 한다.

어린이를 교통사고의 위험으로부터 보호하기 위해 설정한 구역을 '어린이 보호구역'이라고 말해요. 초등학교나 유치원 주변 도로 가운데 일정 구간을 지정해, 자동차의 운행 속도 및 통행을 제한할 수 있어요. 많은 사람이 어린이의 안전을 위해 노력하지만, 여러분 스스로 여러분 자신의 안전을 잘 지켜야 해요.

정답: ②

어린이는 스스로 몸을 ☐☐ 하고, 마음을 ☐☐ 하기 위해 안전 문해력을 길러야 한다. (정답: 보호)

보
(保)
보전하다

보관: 물건을 맡아서 간직하고 관리함.
보증: 어떤 사물이나 사람에 대하여 책임지고 틀림이 없음을 증명함.
보존: 잘 보호하고 보관하여 남김.

눈·서리 시 미끄럼 주의

산자락 길 주변에는 여러 가지 표지판이 있어요. 표지판을 잘 읽어야 안전하게 다닐 수 있어요.

사진에 있는 글과 그림을 알맞게 해석한 것은?
① 눈이 내린 날에는 미끄러질 수 있어서 조심해서 천천히 걷는 게 좋다.
② 서리가 내린 날에는 미끄러질 수 있어서 조금 빠르게 걷는 게 좋다.

어린이들은 미끄럼을 좋아해요. 미끄럼이 재미있다고 생각하기 때문이에요. 하지만 미끄럼틀이 아닌 곳에서 미끄럼을 타는 것은 매우 위험해요. 미끄러운 곳에서 미끄러지면 머리나 팔, 다리를 다칠 수 있기 때문에 조심해야 해요. 미끄러운 곳에서는 몸을 낮추고 천천히 걸어가야 해요.

정답: ①

나이가 들어 머리가 하얗게 되면 머리에 ☐☐ 가 내렸다고 말한다. (정답: 서리)

눈

도둑눈: 밤사이에 사람들이 모르게 내린 눈.
함박눈: 굵고 탐스럽게 내리는 눈.
진눈깨비: 비가 섞여 내리는 눈.

어린이 보호

중요한 내용을 알리려고 도로에 글을 적어요. 그래서 도로에 있는 글은 잘 살펴봐야 해요.

사진을 보고 알맞게 판단한 것은?
① 이곳은 '어린이 보호' 표시가 있어 어린이가 마음껏 뛰어놀 수 있는 곳이다.
② 이곳은 '어린이 보호' 표시가 있어도 다닐 때는 늘 조심해야 하는 곳이다.

도로에 있는 '어린이 보호'라는 글은 차를 운전하는 어른들이 읽고 지켜야 하는 내용이에요. 어린이들은 이 글이 적혀 있는 곳에서 안전에 유의하면서 다녀야 해요. 운전자가 어린이를 보호하기 위해 노력하더라도 어린이는 스스로 자신의 안전을 지키기 위해 노력해야 해요. 모두가 노력해야 모두가 안전할 수 있어요.

정답: ②

좁은 길에도 차가 다니기 때문에 □□스레 다녀야 한다.
(정답: 조심)

호
(護)
보호하다

호신술: 몸을 보호하기 위한 무술.
수호: 지키고 보호함.
호국: 나라를 보호하고 지킴.

학교 주변 도로 안전 안내문

학교 주변의 도로에도 어린이의 안전을 지키기 위한 글이 있어요. 글의 의미를 한번 생각해 보세요.

도로 사진을 보고 갖게 된 안전에 대한 올바른 의견은?
① 30은 60보다 수의 크기가 작아서 이 도로는 안전한 도로다.
② 숫자, 글자와 상관없이 어린이는 보도로 다녀야 하고, 횡단보도를 건널 때는 항상 주의해서 건너야 한다.

'어린이 보호구역'의 도로에 적힌 숫자 30은 자동차 최고 속도 제한 표지예요. 이 표지가 있는 도로에서는 시속 30킬로미터를 넘어서 운전하면 안 돼요. 그런데 시속 30킬로미터로 다니는 차도 어린이에게는 매우 위험해요. 도로에 적힌 숫자나 '어린이 보호구역'과 같은 글을 보고 어린이가 안전하다고 생각하면 안 돼요. 도로를 다닐 때는 좌우를 잘 살피고 여러분이 스스로 안전을 지켜야 해요.

정답: ②

학교 ☐☐에서 교통사고가 자주 일어나기 때문에 걸어 다닐 때는 항상 ☐☐을 잘 살펴야 한다. (정답: 주변)

변(邊) 가

변방: 1. 중심지에서 멀리 떨어진 가장자리 지역.
　　　2. 나라의 경계가 되는 변두리의 땅.
변두리: 1. 어떤 지역의 가장자리가 되는 곳.
　　　　2. 어떤 물건의 가장자리.

책가방 속도 제한 표지

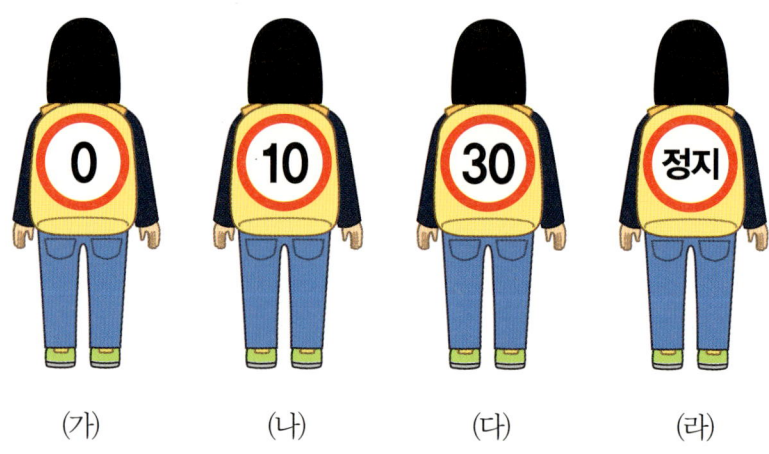

(가) (나) (다) (라)

어린이가 메고 있는 책가방 커버에 속도 제한 숫자가 적혀 있네요. 표지의 의미를 생각해 볼까요?

이 사진을 보고 알맞게 판단한 것은?
① (라) 학생이 가장 안전하다.
② 책가방 커버에 숫자 '0, 10, 30'과 글자 '정지'를 적어도 안전하지 않기 때문에 어린이 스스로 주변을 잘 살피고 다녀야 한다.

숫자 30은 어린이 보호구역에서 차를 운전할 때 시속 30킬로미터가 넘지 않도록 속도를 줄여야 한다는 뜻이에요. 그런데 숫자 30이 적힌 책가방을 메고 다니면 안전할까요? 운전자는 책가방의 커버에 적힌 숫자를 보고 차의 속도를 줄이거나 차를 멈추지 않아요. 어린이는 느리게 가는 차와 부딪쳐도 크게 다쳐요. 그러니까 속도 표지를 믿지 말고 항상 주변을 살펴보고 조심해서 다녀야 해요.

정답: ②

통행금지 ☐☐ 가 붙어 있는 곳에는 걸어 다녀서는 안 된다.
(정답: 표지)

표
(標)
표

느낌표: 문장 부호의 하나. '!'의 이름이다.
목표: 어떤 목적을 이루려는 대상.
표본: 본보기로 삼을 만한 것.

보행자

주변에서 보는 표지판을 잘 읽을 수 있나요? 표지판을 잘 읽어야 여러분 자신을 스스로 지킬 수 있어요.

위에 있는 표지판의 그림과 글을 알맞게 확인한 것은?
① 사람이 걸어서 지나다니면 안 된다는 뜻이다.
② 사람이 혼자서 지나다니면 안 된다는 뜻이다.

'보행자'는 걸어서 길거리를 가고 오고 하는 사람을 말해요. '보행자'를 '보행인'이라고도 말해요. 길거리에는 보행자의 안전을 위해 다양한 표지가 있어요. '보행자 통행금지' 표지는 도로교통법에 따라 보행자가 일정한 장소를 지나다니지 못하도록 만든 표시예요.

정답: ①

보도에서는 누구도 　　　 의 통행을 방해해서는 안 된다.
(정답: 보행자)

행
(行)
다니다

언행: 말과 행동을 아울러 이르는 말.
시행: 실지로 행함.
행사: 어떤 일을 시행함.

자전거 횡단

횡단보도에서 자전거를 타고 건너가도 될까요? 횡단보도의 의미를 생각하면 답을 알 수 있어요.

횡단보도 신호등이 녹색등일 때 알맞게 판단한 것은?
① '자전거 횡단' 표지가 있는 도로에서는 자전거를 타고 '횡단도'로 횡단할 수 있다.
② '자전거 횡단' 표지가 없는 횡단보도에서는 사람이 없을 때 자전거를 타고 횡단보도로 횡단할 수 있다.

이 표지판의 이름은 '자전거 횡단도' 표지예요. 이 표지가 있는 곳에는 자전거가 횡단할 수 있는 '횡단도'가 있어요. 자전거 횡단도가 없는 곳에서는 반드시 자전거에서 내려야 해요. 그러고 나서 자전거를 손으로 끌고 횡단보도로 건너가야 해요. 그러니까 횡단보도에서는 자전거를 타면 안 돼요. 횡단보도에서 자전거를 끌고 건너야 해요. 꼭 기억하고 실천하세요.

정답: ①

자전거 ☐☐ 가 없는 곳에서는 자전거를 타고 횡단보도를 가로질러 건너갈 수 없다. (정답: 횡단도)

단 (斷) 끊다

단절: 관계를 끊음.
단식: 일정 기간에 의식적으로 음식을 먹지 아니함.
중단: 중도에서 끊어지거나 끊음.

자전거 도로 표지

(가)　　　　　　(나)

자전거를 안전하게 탈 수 있는 도로가 있을까요? 자전거 도로에는 보행자와 자전거 이용자를 위한 표지가 설치되어 있어요.

표지판의 그림과 글을 읽고 알맞게 이해한 것은?
① (나)는 자전거와 보행자가 지나다니는 길이 나뉘어 있는 곳에 있는 표지다.
② (가)와 (나) 표지가 있는 곳에서는 자전거를 아무 제한 없이 탈 수 있다.

'자전거·보행자 겸용 도로' 표지(가)는 자전거와 보행자가 함께 이용하는 길에 있는 표지예요. 그래서 이 표지가 있는 곳에서는 자전거를 타고 가는 사람은 보행자가 안전하게 이동할 수 있도록 주의하면서 타야 해요. '자전거 및 보행자 통행 구분 도로' 표지(나)가 있는 곳은 자전거와 보행자가 지나다니는 길이 연석선으로 나누어져 있어요. 보행자는 보행자가 다니는 길로 다녀야 하고, 자전거는 자전거가 다니는 길로 다녀야 해요. 그래서 자전거를 마음껏 타면 안 돼요.

정답: ①

'자전거·보행자 ☐☐ 도로' 표지가 있는 도로에서는 자전거를 더 조심해서 타야 한다. (정답: 겸용)

겸
(兼)
겸하다

겸업: 주된 직업 외에 다른 일을 겸하여 함.
겸사겸사: 한 번에 여러 가지 일을 하려고, 이 일도 하고 저 일도 할 겸 해서.
겸비: 두 가지 이상을 아울러 갖춤.

자전거 통행금지

자전거 그림에 빨간색 사선이 그어진 표지는 무엇을 의미할까요? 빨간색 사선을 보면 '금지'라는 말이 떠올라요.

'자전거 통행금지' 표지를 알맞게 해석한 것은?
① 자전거가 지나다니면 안 되는 곳을 나타낸 표지다.
② 자전거를 세워 두면 안 되는 곳을 나타낸 표지다.

'자전거 통행금지' 표지는 자전거로 지나다니면 안 되는 곳을 나타내는 표지예요. '통행'은 일정한 장소를 지나다닌다는 말이에요. 이 표지가 있는 곳에서는 자전거를 타거나 끌고 지나다니면 안 돼요. 이 표지가 있는 곳에 자전거를 타거나 끌고 지나다니면 법을 어기는 거예요. 그렇게 하면 처벌받게 돼요.

정답: ①

이번 주까지 정문 ☐☐을 금지해서 후문으로 ☐☐해야 한다. (정답: 통행)

통 (通) 통하다

통과: 어떤 곳이나 때를 거쳐서 지나감.
통장: 금융 기관에서, 예금한 사람에게 돈을 내어주거나 받아들인 상태를 적어 주는 장부.
통신: 소식을 전함.

사고 다발 지역

　개인형 이동 장치와 자전거만 다닐 수 있는 도로를 '자전거 전용 도로'라고 해요. 자전거 전용 도로에는 구불구불한 길, 내리막길과 오르막길, 횡단보도가 있어요.

자전거 전용 도로에서 알맞게 행동한 것은?
① '사고 다발 지역'이 적힌 길에서 속도를 줄여 천천히 갔다.
② '사고 다발 지역'이 적힌 길 주변에 사람이 없을 때는 속도를 줄이지 않고 지나갔다.

사고가 자주 일어나는 곳을 '사고 다발 지역', '사고 잦은 곳'이라고 불러요. 어떤 곳에서는 도로에 '사고 많은 곳'이라고 쓰기도 해요. 자전거를 타고 가다 이 글을 보면 속도를 줄여야 해요. 주변에 사람이 없더라도 속도를 줄여서 지나가야 해요. '좌로 굽은 도로'나 '우로 굽은 도로'에서도 속도를 줄여야 해요. 그래야 안전해요.

정답: ①

사고가 자주 발생하는 곳에는 '사고 ☐☐ 지역', '사고 자주 일어나는 곳'이라고 표시한다. (정답: 다발)

다 (多) 많다

다양: 여러 가지 모양이나 양식.
다정: 정이 많음.
다산: 아이 또는 새끼를 많이 낳음.

자전거 진입 금지

자전거는 작아서 어디에라도 갈 수 있을까요? 자전거가 통행하지 못하는 곳은 없을까요?

사진을 보고 글을 알맞게 해석한 것은?
① '자전거 진입 금지'가 적힌 곳에는 항상 자전거가 들어가면 안 된다.
② '자전거 진입 금지'가 적힌 곳에는 사람이 다닐 때 자전거가 들어가면 안 된다.

자전거는 차예요. 옛날에는 자전거를 '자전차'라고도 불렀어요. 자전거가 차이기 때문에 자전거가 들어가지 못하는 곳이 있어요. 그곳은 사람들이 다니는 '보행자 전용 도로'예요. '보행자 전용 도로'에는 사람들만 다닐 수 있어요. 그래서 표지를 잘 읽어야 해요. 표지가 없더라도 도로에 '자전거 진입 금지'가 적혀 있으면 자전거를 타고 들어가면 안 돼요.

정답: ①

우리 학교 앞 도로에는 '☐☐ 금지'라는 노란색 글자가 적혀 있다. (정답: 진입)

진 (進) 나아가다

진보: 정도나 수준이 나아지거나 높아짐.
진출: 어떤 방면으로 활동 범위나 세력을 넓혀 나아감.
진급: 계급, 등급, 학년 따위가 올라감.

일단정지

　　자전거를 모는 사람도 운전자예요. 운전자는 보행자의 통행을 방해하지 않으려고 횡단보도 앞에서 차를 정지해요.

사진을 보고 알맞게 판단한 것은?
① 횡단보도와 횡단보도 주변에 사람들이 있을 때는 자전거를 멈춰야 한다.
② 사람들이 횡단보도를 건너고 있을 때는 자전거의 속력을 줄여야 한다.

자전거 운전자는 보행자를 보호하기 위해서 횡단보도 앞에서 '일단정지'를 해야 해요. 자전거가 횡단보도를 통과하기 전에 우선 정지하면 보행자의 통행을 방해하지 않아요. 자전거를 타는 사람은 횡단보도에 있는 보행자의 통행을 방해하면 안 돼요. 그래서 일단 멈춘 다음에 지나가야 해요.

정답: ①

자동차 운전자가 ☐☐☐☐ 신호를 잘 지키면 어린이 교통사고를 줄일 수 있다. (정답: 일단정지)

일 (一) 하나

일시: 잠깐 동안.
일체: 모든 것.
일부: 한 부분. 또는 전체를 여럿으로 나눈 얼마.

잠깐, 뒷문 승차는 위험해요

우리 주변 곳곳에서 안전 안내문을 볼 수 있어요. 버스에도 안전 안내문이 붙어 있어요.

'잠깐, 뒷문 승차는 위험해요'를 알맞게 해석한 것은?
① 시내버스는 뒷문으로 타지 않고 앞문으로 타는 것이 안전하다.
② 시내버스는 앞문으로 타서 앞문으로 내리는 것이 안전하다.

'잠깐, 뒷문 승차는 위험해요'는 뒷문으로 승차하면 위험하다는 뜻이에요. 시내버스를 탈 때는 앞문으로 타야 해요. 시내버스에서 하차할 때는 뒷문으로 내려야 해요. 만일 시내버스가 문이 하나라면 그 문으로 승하차해야 해요. 시외버스는 승하차하는 문이 하나인 경우도 있어요.

정답: ①

시내버스를 이용하려면 앞문으로 ▢▢ 하고, 뒷문으로 ▢▢ 하는 것이 좋다. (정답: 승차, 하차)

승
(乘)
타다

승객: 차, 배, 비행기 등의 탈것을 타는 손님.
승승장구: 싸움에 이긴 형세를 타고 계속 몰아침.
승강장: 정거장이나 정류소에서 차를 타고 내리는 곳.

노약자 보호석

　　시내버스를 타면 교통 약자를 위한 좌석이 있어요. 그곳에는 누가 앉아야 할까요?

그림을 보고 알맞게 이해한 것은?
① 노인, 지체 장애인, 임부가 앉을 수 있는 좌석이다.
② 무거운 가방을 든 초등학생이 앉을 수 있는 좌석이다.

시내버스에는 교통 약자를 위한 좌석이 있어요. 이 좌석을 '노약자 보호석'이라고 불러요. '노약자 보호석'은 노약자를 보호하는 자리예요. '노약자'는 노인이나 몸이 약한 사람을 가리키는 말이에요. 다친 사람이나 지체 장애인, 아기, 임신한 임부, 할머니, 할아버지가 안전하게 이용하도록 '노약자 보호석'은 자리를 비워 놓아야 해요. 이런 행동을 '배려'라고 말해요.

정답: ①

시내버스에서 ☐☐가 앉을 자리가 없으면 자리를 양보해야 한다. (정답: 노약자)

노로 (老) 늙다

노인: 나이가 들어 늙은 사람.
노화: 몸의 상태가 이전보다 약해짐.
경로석: 대중교통에서 노인을 공경하는 뜻으로 노인들만 앉도록 마련한 자리.

교통안전 생활 43

버스 안전 안내문

시내버스나 시외버스 안에는 곳곳에 안전 안내문이 부착되어 있어요. 잘 읽고 잘 지키면 더 안전해요.

시내버스 창문 유리에 부착한 글을 알맞게 해석한 것은?
① 자리에 앉은 사람은 버스가 완전히 멈춘 다음에 자리에서 일어나야 한다.
② 내릴 사람은 다음 버스 정류장이 가까워졌을 때, 자리에서 미리 일어나 벨을 눌러야 한다.

버스가 움직일 때는 이동하지 않아야 해요. 버스에서 넘어지면 다칠 수 있기 때문이에요. '운행'은 정해진 길을 따라 차를 운전하여 다니는 것을 말해요. 차가 운행 중에는 버스 안에서 움직이면 안 돼요. 그리고 버스에서 내릴 때는 반드시 차가 정차한 다음에 자리에서 일어나 내려야 해요. 미리 일어나면 안 돼요.

정답: ①

시내버스 안에 있는 ☐☐☐을 잘 읽으면 안전하게 버스를 이용할 수 있다. (정답: 안내문)

문 (文) 글월

문서: 글이나 기호 따위로 내용을 나타낸 것.
문장: 생각이나 감정을 말과 글로 표현할 때 완결된 내용을 나타내는 최소 단위.
문학: 생각이나 감정을 언어로 표현한 예술.

진입 금지

사람들이 편리하게 이동할 수 있도록 에스컬레이터를 설치해요. 에스컬레이터를 안전하게 이용하고 있나요?

사진에 있는 글을 읽고 알맞게 판단한 것은?
① '진입 금지'가 있는 곳으로 들어가면 안 된다.
② '진입 금지'가 있는 곳으로 들어갈 때는 조심해야 한다.

'진입 금지'는 어떤 지역이나 구간으로 들어가지 못한다는 말이에요. '진입 금지'가 붙어 있는 곳에는 들어가면 안 돼요. 에스컬레이터는 자동으로 위아래 층으로 오르내릴 수 있도록 만든 계단 모양의 장치예요. 에스컬레이터를 이용할 때는 손잡이를 잡고 자동계단에서 걷지 않고 멈추어야 해요. 걷거나 뛰면 매우 위험해요. 안전사고가 발생해서 '비상 정지' 버튼을 누를 때는 먼저 큰소리로 "꽉 잡으세요!"라고 소리쳐야 해요.

정답: ①

거친 말하기는 우리 반 ☐☐ 사항이다. (정답: 금지)

지 (止) 그치다

지혈: 나오던 피가 멈춤.
방지: 어떤 일이나 현상이 일어나지 못하게 막음.
정지선: 차량이 정지해야 하는 위치를 나타내는 선.

비상벨

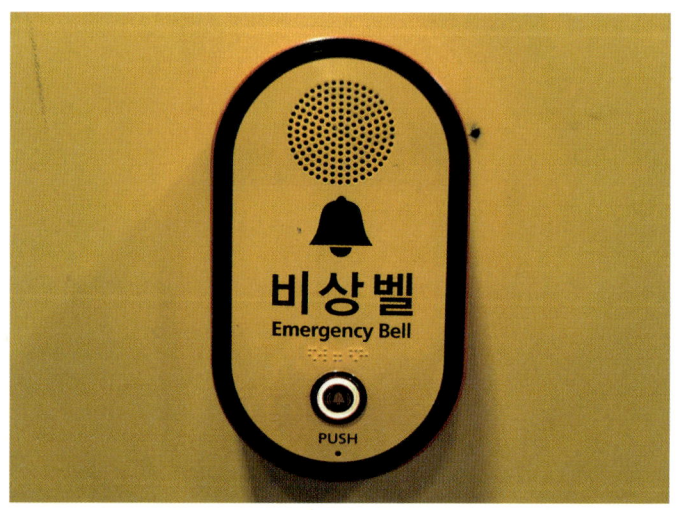

우리 주변에서는 늘 크고 작은 사건과 사고가 발생해요. 그래서 예상하지 못한 긴급한 상황을 뜻하는 '비상시'라는 말이 언제나 필요하게 되죠.

'비상벨'에 대한 해석으로 알맞은 것은?
① 뜻밖의 긴급한 사태가 일어난 때에 누르는 벨이다.
② 궁금한 내용에 대하여 질문하고 싶을 때 누르는 벨이다.

'비상벨'은 비상시에 누르는 벨이에요. 안전하지 않다고 생각할 때는 '비상벨'을 눌러 도움을 요청할 수 있어요. 하지만 호기심이나 장난으로 벨을 누르면 안 돼요. 장난으로 벨을 누르면 비상시에 할 일을 준비하는 사람들의 소중한 시간을 빼앗을 수 있어요. 그리고 법에 따라 처벌도 받을 수 있어요.

정답: ①

누나는 ☐☐ 를 대비해 용돈을 은행에 저금하고 있다.
(정답: 비상시)

비
(非)
아니다

비공식: 국가적으로나 사회적으로 인정되지 않은 개인적인 방식.
비정상: 정상이 아님.
비협조: 서로 힘을 모아 돕지 아니함.

공사 중

도로를 걷다 보면 공사 구역을 안내하는 표지를 볼 수 있어요. 공사 구역은 위험해서 주의해야 해요.

표지판의 그림과 글을 읽고 알맞게 판단한 것은?
① 근처에 공사장이 있으므로 지나갈 때 조심해야 한다.
② 이 표지판이 있는 곳에서부터 공사 구역까지는 매우 천천히 걸어가야 한다.

'공사 중' 표지는 도로 위나 주변에서 공사 또는 작업이 진행되고 있음을 알리는 교통안전 표지판이에요. 이 표지는 공사 구역이 시작되기 전에 설치되어 있으며, 이 표지를 보게 되면 주의하며 이동해야 해요. 공사 구역에서는 위험한 장소에 가까이 가지 말고, 안전 여부를 확인한 후에 지나가야 해요.

정답: ①

우리 동네에는 지금 아파트 ☐☐ 가 한창 진행되고 있다.
(정답: 공사)

공
(工)
장인

공업: 원료를 사람이나 기계의 힘으로 가공하여 쓸모 있는 물건을 만드는 산업.
공부: 학문이나 기술을 배우고 익힘.
공예: 물건을 만드는 기술에 관한 재주.

넘어짐 주의

여러분이 걸어 다니는 보도는 바닥이 고르고 판판한가요? 비가 내리면 미끄럽지는 않은가요?

표지판의 그림과 글을 읽고 알맞게 해석한 것은?
① 울퉁불퉁한 바닥에서는 천천히 걸어가야 한다.
② 미끄덩미끄덩한 바닥에서는 천천히 걸어가야 한다.

울퉁불퉁한 요철이 있는 곳에서는 발이 걸려 넘어질 수 있어요. 만일 넘어진다면 요철에 부딪혀 크게 다칠 수 있어요. 특히 비가 오거나 어두운 곳에서는 요철을 잘 못 볼 수도 있으므로 더욱 신중하게 걸어야 해요. 울퉁불퉁한 요철이 있는 길을 지날 때는 발을 단단히 디디고 천천히 걸으며, 주변을 잘 살펴 안전하게 이동해야 해요.

정답: ①

'요철'은 ☐ 하다는 뜻의 '요(凹)'와 ☐ 하다는 뜻의 '철(凸)'을 붙여 만든 글자다. (정답: 오목, 볼록)

♎
(凹)
오목
하다

요철: 오목함과 볼록함.
요각: 180도보다 크고 360도보다 작은 각.
요면: 가운데가 오목하게 된 면.

낙석 주의

높은 곳에서 갑자기 돌이 떨어지면 어떻게 될까요? 그래서 수변에 있는 안전 표지판을 잘 살펴봐야 해요.

사진 속 표지판을 읽고 알맞게 판단한 것은?
① 도로 표지판을 보고 최대한 빠르게 지나간다.
② 도로에 떨어진 돌이 있는지 확인하고 지나간다.

'낙석 주의'가 적힌 표지는 낙석 도로 표지예요. 이 표지가 있는 곳의 주변에는 위에서 아래로 떨어진 돌이 있는 경우가 많아요. 그래서 떨어진 돌이 없는지 확인하고 지나가야 해요. 자전거를 타다가 이런 표지가 나오면 속도를 줄이고 도로에 떨어진 돌이 있는지 확인하고 지나가야 해요. 우리가 다니는 도로에도 이 표지가 있어요. 이 표지가 있는 곳에서는 주변을 잘 살피며 지나가야 해요.

정답: ②

장마철에는 ☐☐ 에 주의하면서 자동차와 자전거를 운전해야 한다. (정답: 낙석)

낙 (落) 떨어지다

낙엽: 말라서 떨어진 나뭇잎.
낙하: 높은 데서 낮은 데로 떨어짐.
낙담: 바라던 일이 뜻대로 되지 않아 마음이 몹시 상함.

추락 주의

세계 문화유산 창덕궁 앞을 지나가면 '추락 주의' 푯말을 볼 수 있어요. 푯말이 놓인 월대는 얼마나 높을까요?

사진에 있는 푯말의 글과 그림을 보고 알맞게 판단한 것은?
① 땅의 높낮이가 크지 않더라도 '추락 주의' 표지판이 있는 곳에서는 더 조심해서 다녀야 한다.
② '추락'은 높은 곳에서 아래로 떨어진다는 뜻이므로 여기에는 '추락' 대신에 '탈락'을 써야 한다.

안전에 필요한 글을 잘 읽고 실천하면 우리의 안전을 스스로 지킬 수 있어요. '추락'은 높은 곳에서 떨어진다는 뜻이에요. '높다'는 '아래에서 위까지의 길이가 길다'는 뜻이에요. 그런데 높은 정도에는 차이가 나요. 산도 높지만, 구두 굽도 높아요. 그래서 '추락 주의'라는 말을 썼어요. 여러분이 추락하지 않는 좋은 방법은 높은 곳에 올라가지 않는 거예요. 명심하세요.

정답: ①

높은 산을 오르다가 ☐☐ 하면 119에 신속하게 신고해야 한다. (정답: 추락)

락 (落) 떨어지다

함락: 적의 성, 요새, 진지 따위를 공격하여 무너뜨림.
탈락: 범위에 들지 못하고 떨어지거나 빠짐.
누락: 적혀야 할 내용이 기록에서 빠짐.

교통안전 생활 57

기대지 마세요

난간에 몸을 기대는 행동은 매우 위험해요. 특히 높은 곳에 있는 난간에 기대다가 큰 사고가 일어나기도 해요.

사진의 표지판을 보고 알맞게 행동한 사람은?
① 난간 가까이에 가지 않고 안전한 곳에서 사진을 촬영했다.
② 난간이 튼튼한지 흔들어서 확인해 본 뒤에 경치를 구경했다.

난간은 장식으로도 설치하지만, 사람이 떨어지는 것을 막기 위해서도 설치해요. 난간을 설치한 곳은 매우 위험한 곳이에요. 철이나 콘크리트로 만든 난간도 안심할 수 없어요. 난간을 손으로 만지거나 기대지 않도록 각별히 신경을 써야 해요. 그리고 난간 가장자리에는 가까이 가지 않아야 해요.

정답: ①

나는 2층으로 올라가는 계단에 설치한 ☐☐ 을 잡고 교실로 천천히 올라갔다. (정답: 난간)

난란 (欄) 난간

난간: 층계, 다리, 마루 따위의 가장자리에 일정한 높이로 막아 세우는 구조물.
광고란: 신문, 잡지 따위에서 광고를 싣는 난.
공란: 책, 서류, 공책 따위의 지면에 글자 없이 비워 둔 칸이나 줄.

정숙, 주택 인접 구간

누구나 시끄러운 소리로 방해받지 않기를 바라요. 표지를 잘 읽고 실천하면 상대방을 배려하며 생활할 수 있어요.

사진의 표지판을 보고 알맞게 추론한 것은?
① 안내판이 있는 곳 가까이에 사람들이 사는 집이 있다.
② '정숙'은 조용한 곳에 다니는 것을 좋아하시는 할머니의 이름이다.

할머니의 성함을 알고 있다면 예의를 잘 아는 어린이예요. '정숙'이라는 말은 행실이 곧고 마음씨가 맑고 고운 여자를 부르는 말이에요. 그런데 동네 사람들이 사는 주택 인접 구간에 있는 '정숙'은 그런 뜻이 아니에요. 짐작했겠지만 '조용하고 엄숙함'이라는 뜻이에요. 이 말은 사람들이 조용히 해야 하는 곳에 붙어 있어요. 학교에서도 '정숙'이라는 단어를 자주 볼 수 있어요.

정답: ①

☐☐ 보행이라는 말은 조용하게 걸어 다니는 것을 의미한다.
(정답: 정숙)

정 (靜) 고요하다

정맥: 정맥피를 심장으로 보내는 맥.
냉정: 생각, 행동이 감정에 좌우되지 않고 침착함.
정물화: 과일, 꽃, 화병 따위의 스스로 움직이지 못하는 물체들을 놓고 그린 그림.

2장
학교 생활

달팽이 천천히

달팽이 천천히 교실에서는 안전을 위해 달팽이처럼 느리게 걷는 우리 반 어린이를 상징하는 천천히 캐릭터예요.

교실에서도 사고가 일어나요. 그래서 교실에서도 안전을 위해 규칙을 지켜야 해요.

그림을 보고 알맞게 추론한 것은?
① 교실에서는 안전을 위해 천천히 말하는 것이 좋다.
② 교실에서는 안전을 위해 천천히 걷는 것이 좋다.

요즘 어린이들은 '안전'과 같이 추상적인 의미를 구체적인 캐릭터로 잘 만들어요. 교실 안전을 상징하는 달팽이 캐릭터는 교실에서 천천히 걷는 어린이를 상징하고 있어요. 교실에서 뛰거나 빠르게 움직이면 모서리에 부딪히거나 친구와 부딪혀 다치게 돼요. 이 캐릭터를 만든 어린이의 의도를 잘 알고 이 캐릭터처럼 교실에서 천천히 걸으면 안전하게 생활할 수 있어요.

정답: ②

내 짝은 독특한 인물이나 동물의 모습을 디자인한 ☐☐☐를 잘 만든다. (정답: 캐릭터)

상 (象) 형상

인상: 어떤 대상에 대하여 마음속에 새겨지는 느낌.
기상: 바람, 구름, 비, 눈과 같이 대기 중에서 일어나는 물리적인 현상을 통틀어 이르는 말.
형상: 사물의 생긴 모양이나 상태.

출결 상황판

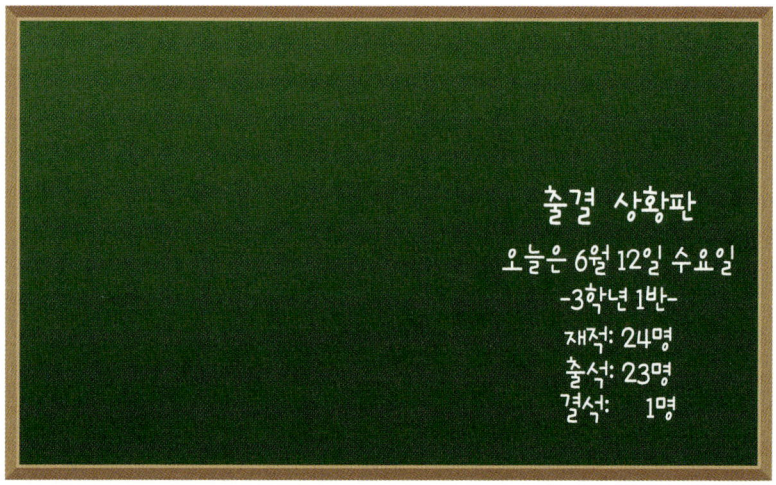

선생님께서는 학교에서 누가 출석했는지, 결석했는지 확인해요. 이렇게 확인하는 것도 안전을 지키는 일이에요.

그림 속의 글을 읽고 알맞게 해석한 것은?
① 3학년 1반의 전체 학생 수는 24명이다.
② 3학년 1반의 전체 학생 수는 23명이고 선생님은 1명이다.

학교 선생님께서는 '학교생활 기록부'에 학생들의 학교생활을 모두 기록해요. 출결 상황, 학교 폭력 조치 상황, 창의적 체험활동 상황, 교과 학습 발달 상황, 행동 특성 및 종합 의견을 기록해요. '출결'은 출석과 결석을 아울러 이르는 말이에요. 학교생활 기록부에 이름이 입력된 학생을 '재적' 학생이라고 해요. 선생님은 3학년 1반의 재적 학생이 아니에요.

정답: ①

선생님께서는 수업을 시작하기 전에 　　 상황을 정확하게 파악하신다. (정답: 출결)

결 (缺) 이지러지다

결점: 잘못되거나 부족하여 완전하지 못한 점.
결례: 예의범절에서 벗어나는 짓을 함.
결핍: 있어야 할 것이 없어지거나 모자람.

청소하자

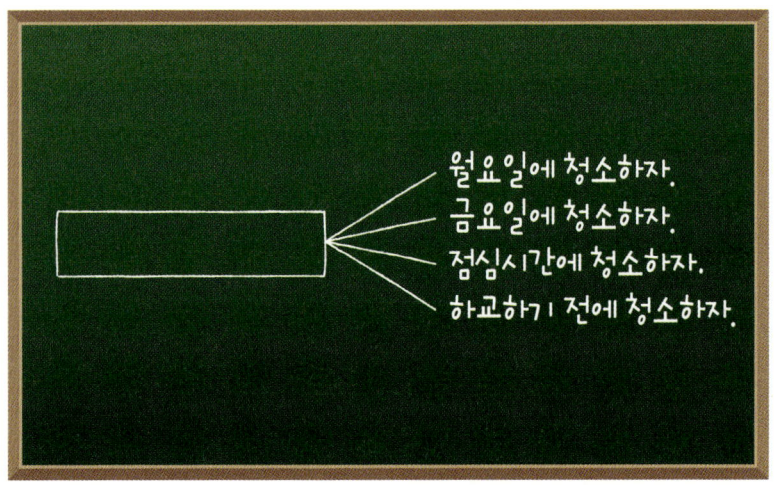

여러분은 안전하게 청소하나요? 청소 도구로 장난을 치지는 않나요?

'청소하자'는 의견이 적힌 교실 칠판의 빈칸에 알맞은 질문은?
① 청소는 언제 할까요?
② 청소는 어떻게 할까요?

등교한 뒤에는 선생님께서 교실 칠판에 적는 글을 잘 읽고 이해해야 해요. 교실 칠판에는 언제 청소하는 것이 좋은지 의견을 적었어요. 내 주변은 내가 청소해야 해요. 내 주변이 깨끗하면 내가 더 안전해요. 친구가 있는 자리가 어질러져 있으면 친구를 도와주는 것도 좋아요. 교실을 깨끗하게 청소하면 모두가 더 안전하게 지낼 수 있어요.

정답: ①

내 자리를 ☐☐ 하고 시간이 남으면 친구 자리도 ☐☐ 하는 게 좋아요. (정답: 청소)

청 (淸) 맑다

청정: 맑고 깨끗함.
청결: 맑고 깨끗함.
조청: 엿 따위를 고는 과정에서 묽게 고아서 굳지 않은 엿.

교실 엽서 게시물

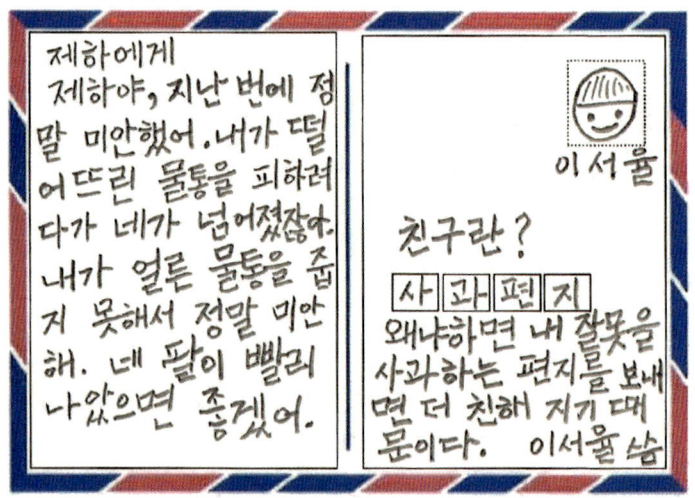

교실에서 걷다가 넘어지기도 해요. 가방이나 친구의 다리에 걸려 넘어져서 크게 다치기도 해요.

교실에 게시한 엽서의 내용을 알맞게 해석한 것은?
① 서율이가 제하에게 감사하는 마음을 글로 썼다.
② 서율이가 제하에게 사과하는 마음을 글로 썼다.

교실에서도 여러 가지 사고가 일어나요. 넘어져서 팔이나 다리가 부러지기도 하고 칼에 손을 베이기도 해요. 그래서 항상 자신의 주변을 깨끗하게 정리하고 위험한 도구는 사용하지 않아야 해요. 그리고 자신의 실수로 친구가 다쳤다면 진심으로 사과해야 해요. 여러분의 따뜻한 마음을 편지로 나누고 교실에 게시해 보세요. 모두의 마음이 따뜻해질 거예요.

정답: ②

행사 일정표를 벽에 ☐☐ 하려고 접착테이프를 빌려 왔다.
(정답: 게시)

게
(揭)
들다

게양: 기를 높이 걺.
게양대: 기를 높이 걸기 위하여 만들어 놓은 대.
게시물: 여러 사람에게 알리기 위하여 내붙이거나 내걸어 두루 보게 한 물건이나 글.

알림장

> 9월 20일 금요일
> 1. 가위, 칼 가지고 다니지 않기
> 2. 체육복 입고 오기
> 3. 운동장 골프 활동(월)
> 4. 우산 쓰고 하교할 때 보도에 있는 물웅덩이로 들어가지 않기
> 5. '고운말 쓰기 서약서' 작성해 오기
> 6. 교통 규칙 준수하기

선생님께서 알림장에 적어 주시는 글을 잘 읽나요? 왜 알림장을 잘 읽는 것이 안전을 지키는 일일까요?

사진의 알림장 내용을 알맞게 해석한 것은?
① 9월 20일에 비가 내렸다.
② 장화를 신고 하교하는 학생은 물웅덩이에 들어갈 수 있다.

알림장을 적은 뒤에는 알림장을 다시 읽어야 해요. 알림장을 읽은 다음에는 필요한 것을 미리 준비해야 해요. 부모님께 알림장을 읽어 드리는 것도 좋아요. 그러면 준비물을 빠뜨리지 않고 챙길 수 있어요. 또 알림장을 잘 읽으면 안전해요. 비 오는 날에는 물웅덩이에 들어가면 안 돼요. 물웅덩이의 깊이를 알 수 없어서 위험해요. 그리고 전기가 전깃줄 밖으로 새어 물웅덩이에 흐르면 생명을 잃을 수도 있어요.

정답: ①

호기심이 생겨서 물이 괴어 있는 ☐☐☐에 들어가면 위험하다. (정답: 물웅덩이)

장 (狀) 문서

상장: 상을 주는 뜻을 표하여 주는 증서.
표창장: 좋은 성과나 훌륭한 행실을 칭찬하려고 적은 것.
추천장: 추천의 내용을 담은 글.

협동하는 2학년 2반

협동하는 2학년 2반
- 친구가 넘어졌을 때 손 내밀기
- 학교 급식에 나온 음식 골고루 먹기
- 친구의 의견 잘 들어주기
- 모둠 활동에 적극 참여하기
- 모둠 활동에서 차례 지켜 말하기

친구들과 협력하면 안전을 잘 지킬 수 있어요. 작은 힘이 모여서 큰 힘이 되기 때문이에요.

칠판에 적혀 있는 글을 읽고 알맞게 판단한 것은?
① '친구가 넘어졌을 때 손 내밀기'는 협동하기와 관계가 없으니까 지워야 한다.
② '학교 급식에 나온 음식 골고루 먹기'는 협동하기와 관계가 없으니까 지워야 한다.

학교에서는 같은 반 친구들이 지킬 약속을 함께 정해요. 약속을 정할 때 여러분의 의견을 꼭 말해야 해요. 자기 생각을 잘 표현하는 어린이가 문해력이 센 어린이예요. 친구들과 마음과 힘을 하나로 합하는 '협동'은 정말 소중한 약속이에요. 이 소중한 약속을 선생님과 친구들 앞에서 꼭 말해 보세요. 그리고 친구들과 함께 정한 약속을 꼭 실천해 보세요.

정답: ②

우리 반 친구들은 ☐☐하여 교실과 복도를 청소했다.
(정답: 협동)

협 (協) 돕다

타협: 어떤 일을 서로 양보하여 협의함.
협동심: 서로 마음과 힘을 하나로 합하려는 마음.
협력: 힘을 합하여 서로 도움.

손 끼임 주의

사람들이 드나드는 교실에도 문이 있고 체육관, 급식실에도 문이 있어요. 문을 열거나 닫을 때 안전사고가 자주 발생해요.

표지판의 그림을 보고 알맞게 해석한 것은?
① 문에 손이 끼이지 않도록 조심해야 한다는 뜻이다.
② 문이 닫히기 전에 재빨리 들어가야 한다는 뜻이다.

가정, 사회, 학교에서는 여러 가지 안전사고가 일어나요. 안전사고는 안전 교육의 미비, 또는 부주의로 일어나요. 학교 안전사고를 보면, 학생들은 손을 많이 다쳐요. 특히 문에 손이 끼여 다치는 경우가 많아요. 최근에 만들어지는 문은 무게가 무거워서 손 끼임 사고가 일어나면 크게 다칠 수 있어요. 문을 여닫을 때는 정말 각별한 주의가 필요해요.

정답: ①

교실 문을 닫을 때는 다칠 수 있으니, 항상 □□ 하며 안전하게 닫아야 한다. (정답: 주의)

주 (注) 물 대다

부주의: 조심을 하지 아니함.
주의력: 한 가지 일에 마음을 집중하여 나가는 힘.
주력: 어떤 일에 온 힘을 기울임.

학교생활 77

화장실 변기 물 내리기

똥은 웃음을 주는 소재이지만 눈살을 찌푸리게 하는 소재이기도 해요. 화장실에서 고약한 암모니아 냄새 때문에 불편했던 적은 없었나요?

화장실 문에 있는 그림을 보고 알맞게 판단한 것은?
① 용변을 본 뒤에 변기의 뚜껑을 덮고 재빨리 밖으로 나온다.
② 용변을 본 뒤에 변기의 뚜껑을 덮고 누름단추를 세게 누른 뒤에 나온다.

선생님께서 크게 칭찬하는 어린이는 화장실 물을 잘 내리는 어린이예요. 용변을 본 후에 물을 내리지 않으면 그다음 사람이 매우 불쾌하고 불편해요. 학교에는 의외로 용변을 본 후에 물을 내리지 않고 나오는 어린이가 많아요. 선생님께 칭찬받는 법, '화장실 변기 물 잘 내리기'를 꼭 기억하고 실천하세요.

정답: ②

공공 화장실에 있는 □□ 는 모두가 깨끗하게 이용해야 한다.
(정답: 변기)

변
(便)
똥
오줌

대변: '똥'을 점잖게 이르는 말.
좌변기: 걸터앉아서 대소변을 보는 수세식 서양 변기.
변비: 대변이 대장 속에 오래 맺혀 있고, 잘 누어지지 않는 병.

대피 경로

(가)

(나)

학교에서는 위기 상황을 대비하기 위해 여러 훈련을 해요. 지진 대피 훈련도 하고 화재 대피 훈련도 해요.

글과 그림을 보고 알맞게 판단한 것은?
① (가)는 오른쪽으로, (나)는 왼쪽으로 대피해야 한다는 그림이다.
② (가)와 (나)는 모두 화살표가 가리키는 방향으로 대피해야 한다는 그림이다.

'대피'는 위험이나 피해를 보지 않도록 잠깐 피하는 것을 말해요. 학교에서는 대피 훈련을 할 때 주로 운동장으로 대피해요. '경로'는 지나는 길을 말하는데, '대피 경로' 표지판에 있는 화살표가 가리키는 방향으로 대피해야 해요. 왼쪽과 오른쪽은 서 있는 사람의 위치에 따라 달라져요.

정답: ②

지진 ☐☐ 훈련과 화재 ☐☐ 훈련 시에는 안내 방송을 잘 들어야 한다. (정답: 대피)

대
(待)
기다
리다

기대: 어떤 일이 원하는 대로 이루어지기를 바라면서 기다림.
대기: 때나 기회를 기다림.
대우: 예의를 갖추어 대하는 일.

급경사 주의

걸어 다닐 때 앞만 보고 다니는 어린이가 있어요. 바닥도 잘 살펴봐야 해요.

사진의 표지판에 있는 경고문을 보고 알맞게 행동한 것은?
① 미끄러지지 않도록 조심하며 천천히 걸어갔다.
② 바닥에 있는 경고문을 밟지 않으려고 뛰어넘은 뒤에 걸어갔다.

건물마다 바닥의 모양과 구조가 달라요. 미끄러운 곳도 있고 급경사가 있는 곳도 있어요. 안전을 위해서는 걸을 때 경고문을 보고 경고문에 맞게 행동해야 해요. 급경사는 몹시 가파른 경사를 말해요. 급경사에서는 발걸음을 멈추고 바닥을 확인한 다음에 천천히 걸어야 해요. 바닥이 갑자기 낮아지기 때문에 자빠질 수 있어요.

정답: ①

☐☐의 비탈길이 있는 곳에서는 조심해서 걸어야 한다.
(정답: 급경사)

급 (急) 급하다

급속도: 매우 빠른 속도.
급성: 병 따위의 증세가 갑자기 나타나고 빠르게 진행되는 성질.
긴급: 꼭 필요하고 중요하며 급함.

안전 장구 보관함

보안경을 쓰고 일을 하는 사람을 본 적이 있나요? 학교에서도 보안경을 쓸 때가 있어요.

표지판의 그림과 글을 보고 알맞게 추론한 것은?
① 이 스티커가 부착된 곳은 보건실이다.
② 이 스티커가 부착된 곳은 과학실이다.

'안전 장구'는 안전사고를 예방하기 위한 장구를 말해요. '장구'는 어떤 일을 하려고 몸에 지니는 기구를 말해요. 과학실에서는 여러 가지 실험을 해요. 그래서 안전사고가 일어날 수 있어요. '안전 장구'를 잘 이용하면 안전사고를 예방할 수 있어요. 과학실에 가면 '안전 장구 보관함'을 먼저 확인해 보세요.

정답: ②

호루라기는 우리 몸을 지키는 작지만 강력한 호신 ☐☐ 이다.
(정답: 장구)

장
(裝)
꾸미다

장식: 액세서리 따위로 잘 매만져 곱게 꾸밈.
장신구: 반지, 귀고리, 목걸이처럼 몸치장하는 데 쓰는 물건.
복장: 옷을 차려입은 모양.

소화용 모래

　화재는 예방하는 것이 중요해요. 만일 불이 났다면 올바른 방법으로 대응해야 해요.

표지판의 그림을 보고 알맞게 판단한 것은?
① 방과 후 수업 시간에 불이 나면 소화용 모래에 물을 뿌려야 한다.
② 방과 후 수업 시간에 불이 나면 소화용 모래를 불에 뿌려야 한다.

불은 예상하지 못한 곳에서도 일어나요. 작은 불이 났을 때 주변에 있는 소화용 모래나 소화기를 이용해서 불을 꺼야 해요. 불을 끌 수 없으면 신속하게 대피하고 119에 신고해야 해요. '소화(消火)'는 '불을 끔'이라는 뜻이에요. 음식을 먹고 분해하여 영양분을 흡수하기 쉽게 변화시키는 '소화(消化)'와는 뜻이 달라요.

정답: ②

☐☐ 담요는 불이 처음 났을 때 불길을 덮어 불을 끄는 데 쓰는 도구이다. (정답: 소화)

소
(消)
꺼지다

소화기: 불을 끄는 기구.
소화 불량: 먹은 음식을 위나 창자에서 잘 받아들이지 못해 영양분을 흡수하지 못하는 증상.
소화전: 소화 호스를 두려고 상수도의 급수관에 설치하는 시설.

학교 시설 사용 안내

학교 시설 사용 안내

본교의 운동장을 지역주민들에게 생활체육공간으로 개방함에 따라 이용수칙을 아래와 같이 안내합니다.

운동장 개방시간	개방일	오전	오후
	평일	일출~07:50	16:30~일몰
	토요일	일출~07:50	14:00~일몰
	일요일, 공휴일	09:00~일몰	

운동장 이용수칙

1. 생활체육(배드민턴, 축구 등) 회원은 정해진 시간 만 출입합니다.
2. 학교 방문객은 보안관실에서 출입증을 교부 받은 후 들어가시기 바랍니다.
3. 후문 출입을 원하시는 분은 보안관실로 연락(☎395-4091, 내선180)하십시오.
4. 학교시설이 파손 또는 훼손되지 않도록 주의하여야 하며, 파손 또는 훼손 시 원상복구(변상)를 하여야 합니다.
5. 이용자의 부주의나 과실로 사고 또는 손해를 입었을 경우, 학교장에게 손해배상을 요구할 수 없으며, 이용자가 모든 책임을 집니다.
6. 학교 내 취사, 음주, 흡연 행위는 금하며, 학교 시설물 이용 후 발생된 쓰레기는 다시 가져갑니다.
7. 위 이용 수칙을 위반하고 관리자의 정당한 지시를 따르지 아니할 때는 학교시설물의 이용을 제한합니다.

공공시설을 사용할 때는 규칙을 잘 지켜야 해요. 규칙을 잘 지키면 모두가 안전해요.

사진의 '학교 시설 사용 안내'를 알맞게 확인한 것은?
① 주민들은 일요일과 공휴일에 학교 운동장과 학교 교실을 이용할 수 있다.
② 주민들은 토요일보다 일요일에 운동장을 더 오랫동안 이용할 수 있다.

'학교 시설'은 학생 교육을 위해 지었어요. 학생들이 공부하는 시간에는 학교 시설을 개방하지 않아요. 평일에는 학생들이 공부하기 때문에 학교 시설을 개방하는 시간이 짧아요. 학교 상황에 따라 다르지만, 평일보다 토요일에 더 오래 개방하고, 토요일보다 일요일에 더 오래 개방해요. 학교 시설을 이용할 때는 모두의 안전을 위해 사용 수칙을 반드시 지켜야 해요.

정답: ②

우리 학교 운동장은 우리나라 최고의 ☐☐ 을 갖추었다.
(정답: 시설)

시
(施)
베풀다

실시하다: 실제로 시행하다.
시행하다: 실지로 행하다.
보시: 베풀어 은혜에 보답함.

관계자 외 출입 금지

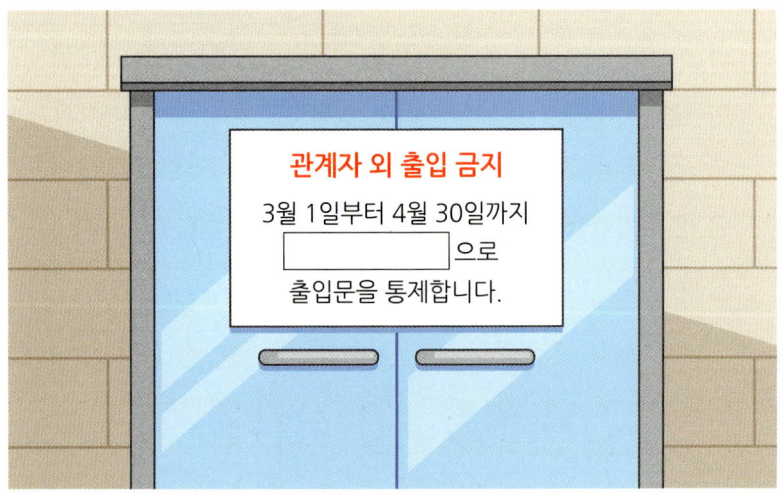

건물에는 여러 가지 안내문을 부착해요. '관계자 외 출입 금지'를 읽지 못하고 들어가면 처벌받을 수 있어요.

사진 속 문에 있는 안내문의 빈칸에 알맞은 것은?
① 일시적
② 한시적

3월 1일부터 4월 30일까지는 두 달이나 돼요. 그래서 짧은 한때라는 뜻의 '일시적'이라는 말은 맞지 않아요. 일정한 기간에 한정된 것은 '한시적'이라고 해요. 아마 5월 1일부터는 출입 금지 안내문을 없애고 출입문을 통제하지 않을 거예요. 이런 안내문을 잘 읽으면 여러분은 안전하게 건물을 드나들 수 있을 거예요.

정답: ②

선거를 준비하는 ☐☐들이 모여 대책 회의를 열었다.
(정답: 관계자)

관
(關)
빗장

관련성: 서로 관련되는 성질이나 경향.
무관하다: 관계나 상관이 없다.
관심사: 관심을 끄는 일.

지진 옥외 대피 장소

땅껍질이 흔들리는 지진이 발생하면 건물이 움직이기 때문에 매우 위험해요. 그래서 건물 밖으로 대피해요.

사진의 안내판을 보고 알맞게 추론한 것은?
① 안내판이 부착된 곳은 지하 주차장 건물의 벽이다.
② 안내판이 부착된 곳은 학교 담이다.

높은 건물이 많은 도시에서는 학교 운동장을 지진 대피 장소로 지정해요. 운동장은 건물과 멀리 떨어져 있어 건물에서 떨어지는 물건을 피할 수 있어요. 하지만 지진이 발생한 뒤, 바로 운동장으로 나가지 않아요. 선생님과 함께 교실 책상 아래로 들어갔다가 흔들림이 멈추면 피난 경로를 따라 운동장으로 나가야 해요.

정답: ②

진도 6의 ☐ 이 발생하면 건물이 무너질 수도 있다.
(정답: 지진)

진
(震)
벼락

강진: 강한 지진.
내진 설계: 지진을 견디어 낼 수 있도록 건축물을 설계하는 일.
진동하다: 물체가 몹시 울리어 흔들리다.

예쁜 당신, 오래 봐요

 살아 있는 것을 귀중하게 대하는 것이 생명 존중이에요. 꽃과 나무를 귀중하게 대하면 맑은 공기를 선물로 받을 수 있어요.

사진의 표지판에 있는 글을 읽고 알맞게 행동한 것은?
① 꽃밭에 있는 꽃을 자세히 바라보며 웃는다.
② 꽃밭에 있는 꽃을 꺾어 집에 가지고 간다.

'예쁜 당신'은 누구일까요? 꽃밭에 핀 꽃일까요? 아니면 꽃을 보는 우리일까요? 이 글을 쓴 사람은 마치 꽃이 말하는 것처럼 글을 표현했어요. 우리가 꽃을 오랫동안 보려면 꽃이 있는 화단에 들어가지 않아야 해요. 그리고 꽃을 만지거나 꺾지 않고 눈으로만 봐야 해요. 마음으로 보는 것도 좋고요.

정답: ①

☐☐ 의 관심이 모두의 안전을 지킵니다. (정답: 당신)

당 (當) 마땅하다

당신: 상대편을 높여 이르는 이인칭 대명사.
타당성: 사물의 이치에 맞는 옳은 성질.
당연하다: 일의 앞뒤 사정을 놓고 볼 때 마땅히 그러하다.

비상구

안전한 생활을 하기 위해서는 안전 문해력이 필요해요. 안내 표지를 읽고 알맞게 이해해야 하기 때문이에요.

그림의 안내 표지는 어떤 표지판일까?
① 비상구
② 출입구

우리 주변에서 보는 안전 관련 단어는 그 뜻을 정확하게 알아야 해요. '비상구'는 화재나 지진 따위의 갑작스러운 사고가 일어났을 때 급히 대피할 수 있도록 특별히 마련한 출입구를 말해요. '출입구'는 나갔다가 들어왔다가 하는 어귀나 문을 말해요. 집이나 학교에 있는 비상구를 잘 봐 두면 사고가 일어났을 때 신속하게 피할 수 있어요.

정답: ①

지하철을 타러 가는 길에는 곳곳에 ☐☐ 표지가 붙어 있다. (정답: 비상구)

상 (常) 항상
평상시: 특별한 일이 없는 보통 때.
항상: 언제나 변함없이.
상습적: 좋지 않은 일을 버릇처럼 하는 것.

모서리 부딪힘 주의

모서리에 부딪히면 몸에 멍이 들기도 해요. 모서리에 관심을 가져보는 것은 어떨까요?

사진에 있는 글을 알맞게 평가한 것은?
① 모서리에 부딪히지 않게 주의해서 다니게 하려고 짧게 표현한 글이다.
② 모서리를 부드럽고 탄력이 좋은 스펀지로 바꾸어야 한다는 주장을 짧게 표현한 글이다.

집이나 학교에서 모서리에 부딪혀 다치는 경우가 많아요. 특히 모서리와 모서리가 만나는 꼭짓점에 부딪히면 크게 다칠 수 있어요. 그래서 모서리가 있는 곳에서는 항상 주의해서 다녀야 해요. 수학 시간에는 꼭짓점을 잘 찾는데, 교실에서는 꼭짓점을 찾지 못하는 경우가 있어요. 사물함의 모서리가 만나는 꼭짓점을 조심하세요. 교실 밖에서도 모서리와 꼭짓점을 조심하세요.

정답: ①

2층에 있는 3학년 1반 교실 ☐☐ 를 돌아서면, 상담실이 나온다. (정답: 모서리)

의 (意) 뜻

주의: 마음에 새겨 두고 조심함.
의미: 말이나 글의 뜻.
의식: 깨어 있는 상태에서 자신이나 사물에 대하여 분별하고 판단해서 아는 것.

우리는 충돌을 거부함

학교에서는 어린이 안전을 위해 학생들이 규칙을 정하기도 해요. 학생들이 정한 규칙은 꼭 지켜야 해요.

사진의 그림과 글을 보고 알맞게 추론한 것은?
① 복도에서 뛰는 학생들은 벌금 5,000원을 내야 한다.
② '오천한'은 '오른쪽으로', '천천히', '한 줄로'를 줄인 말이다.

정답이 엉뚱한가요? 학생들이 벌금을 내는 규칙을 정하지는 않았겠죠? 글을 정확하게 읽었다면 '오천한'을 '오천 원'으로 읽지는 않았을 거예요. 사람이 서로 충돌해서 사고가 나지 않도록 하려고 만든 자료예요. 학교에서 일어나는 사고에는 학생들이 서로 충돌해서 일어나는 사고가 잦아요. 그래서 '오천한'이라는 규칙을 만들었다고 추론할 수 있어요. 여러분도 '오천한'을 실천하세요.

정답: ②

친구 사이에 반대하거나 반항하는 감정이 생기면서 의견 ☐☐이 일어났다. (정답: 충돌)

돌 (突) 부딪치다

온돌: 불기운이 방 밑을 통과하여 방을 덥히는 장치.
돌파: 쳐서 깨뜨려 뚫고 나아감.
돌격: 갑자기 냅다 침.

학교폭력예방 및 대책에 관한 법률

> 학교폭력예방 및 대책에 관한 법률(약칭: 학교폭력예방법)
>
> 제2조(정의) 1. '학교폭력'이란 학교 내외에서 학생을 대상으로 발생한 상해, 폭행, 감금, 협박, 약취·유인, 명예훼손·모욕, 공갈, 강요·강제적인 심부름 및 성폭력, 따돌림, 사이버폭력 등에 의하여 신체·정신 또는 재산상의 피해를 수반하는 행위를 말한다.

'학교폭력예방 및 대책에 관한 법률'은 학교폭력의 예방과 대책에 필요한 사항을 규정해서 피해 학생을 보호하고 가해 학생을 교육하기 위해 만들었어요.

'학교폭력예방 및 대책에 관한 법률'을 읽고 알맞게 이해한 것은?
① 교실에서 친구에게 "넌 바보야"라고 자꾸 말하면 학교폭력이다.
② 학교 밖에서 친구와 다투다가 욕을 한 행위는 학교폭력이 아니다.

'학교폭력'은 학교 안에서나 학교 밖에서 학생을 대상으로 일어난 폭력을 말해요. 동네 놀이터에서 친구와 몸싸움하거나 욕설하는 것도 '학교폭력'이에요. 친한 친구나 친하지 않은 친구에게 '바보!'라고 말하면 마음에 상처를 받고 괴로워하기 때문에 학교폭력이 되는 거예요. 고운 말을 쓰는 것은 자신을 안전하게 지키는 일이에요. 그리고 친구도 안전하게 지킬 수 있어요.

정답: ①

아주 작은 ☐☐ 도 사람의 마음을 파괴하는 무서운 괴물이 된다. (정답: 폭력)

폭 (暴) 나타내다

폭발: 속에 쌓여 있던 감정이 일시에 세찬 기세로 나옴.
폭우: 갑자기 세차게 쏟아지는 비.
폭로: 알려지지 않았거나 감춰져 있던 사실을 드러냄.

3장
가정·사회생활

낙서 금지

어린이 안전사고 발생 건수

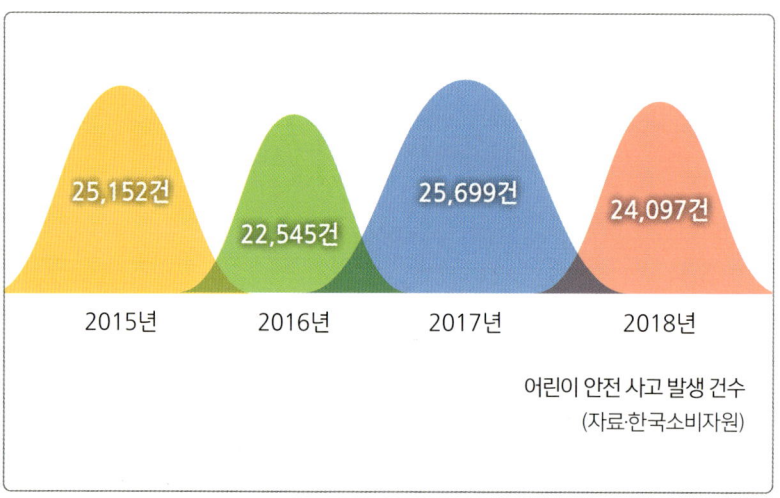

어린이 안전 사고 발생 건수
(자료:한국소비자원)

안전사고는 끊임없이 일어나고 있어요. 어린이 안전사고는 줄어들고 있을까요?

'어린이 안전사고 발생 건수' 그림을 보고 알맞게 해석한 것은?
① 어린이 안전사고가 해마다 줄어들기 때문에 안심해도 된다.
② 어린이 안전사고는 해마다 많이 일어나기 때문에 항상 조심해야 한다.

어린이 안전사고는 2016년보다 2017년도에 더 많이 발생했어요. 그래서 어린이 안전사고는 해마다 줄어든다고 말할 수 없어요. 2023년에는 5~9세가 148명, 10~14세가 245명이나 목숨을 잃었어요. 목숨을 잃게 된 여러 이유 중에는 '익사(물에 빠져 죽음)', '교통사고', '낙상(추락)' 따위가 있어요.

정답: ②

대형 ☐☐든지 소형 ☐☐든지 ☐☐는 일어나지 않는 것이 가장 좋다. (정답: 사고)

사
(事)
일

고사성어: 옛이야기에서 유래한, 한자로 이루어진 말.
경사: 축하할 만한 기쁜 일.
검사: 법을 어긴 사람을 조사하고, 재판을 통해 처벌하게 하는 법률 전문 공무원.

안전 안내 문자

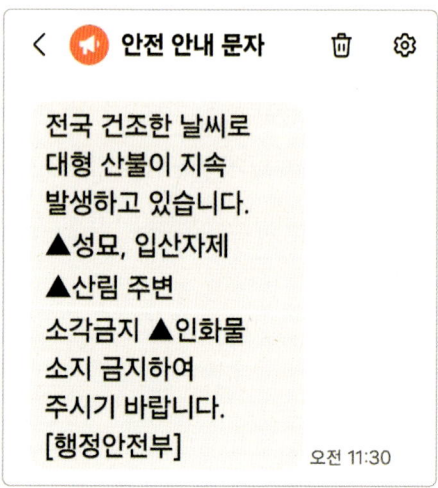

여러분은 '안전 안내 문자'를 알고 있나요? 문자 내용을 확인하고 실천하나요?

사진의 '안전 안내 문자'를 읽고 알맞게 행동한 것은?
① 온 가족이 함께 성묘하기 위해 산에 올라갔다.
② 산 가까이서 불씨를 만들지 않도록 조심했다.

'안전 안내 문자'는 중앙 정부에서 보내기도 하고, 지방 정부에서 보내기도 해요. 중앙 정부에서 보내는 문자는 나라에서 보내는 문자라 믿고 따르는 게 좋아요. 지방 정부에서 보내는 문자도 시, 도, 군, 구청에서 보내기 때문에 믿을 수 있어요. 그래서 정부에서 보내는 '안전 안내 문자'를 잘 읽고 따르는 게 좋아요.

정답: ②

☐☐ 문해력은 내 생명을 지키는 참 소중한 문해력이다.

(정답: 안전)

전 (全) 온전하다

안전하다: 위험이 생기거나 사고가 날 염려가 없다.
전국: 온 나라.
전속력: 낼 수 있는 최대의 속력.

보호 장구는 필수입니다

스포츠 장비 이용 시 안전모, 무릎·팔꿈치 보호대 등 보호 장구는 필수입니다.

여러분은 어떤 보호 장구를 착용하나요? 킥보드를 탈 때 안전모를 착용하나요?

그림을 보고 알맞게 행동한 것은?
① 킥보드를 탈 때, 안전모, 무릎 보호대, 팔꿈치 보호대를 착용했다.
② 킥보드를 탈 때, 샌들을 신고 두꺼운 장갑을 착용했다.

킥보드는 안전한 곳에서 안전하게 타야 해요. 킥보드를 탈 때는 안전모, 무릎 보호대, 팔꿈치 보호대를 꼭 착용해야 해요. 안전사고를 예방하기 위해서는 안전 장구가 꼭 필요해요. 샌들을 신고 킥보드를 타면 발판에서 미끄러질 수 있어서 운동화를 신는 게 좋아요. 두꺼운 장갑보다는 얇은 장갑을 껴야 손잡이를 꽉 잡을 수 있어요.

정답: ①

안전 문해력은 어린이가 배워야 할 ☐☐ 교육 내용이다.

(정답: 필수)

필 (必) 반드시

필독서: 반드시 읽어야 할 책.
필요하다: 반드시 요구되는 바가 있다.
필승: 반드시 이김.

가정·사회생활 111

생명이 끼입니다

생명이 끼입니다

끼임 사고를 알고 있나요? 끼임 사고는 신체 일부가 어떤 물건에 끼어서 사람들이 다치는 사고예요.

그림을 보고 알맞게 판단한 것은?
① 차를 타거나 내릴 때 두꺼운 옷을 입고 무거운 책가방을 멘다.
② 차를 타거나 내릴 때 옷이나 책가방이 차의 문틈에 끼이지 않았는지 잘 살핀다.

두꺼운 옷이나 무거운 책가방도 자동차의 문에 끼일 수 있어요. 차를 타거나 내리기 전에 옷이나 책가방이 끼이지 않았는지 살펴봐야 해요. '생명이 끼입니다'는 어린이가 조심하도록 미리 주의를 주는 말이에요. 옷이나 책가방이 차 문에 끼이면 생명을 잃을 수 있기 때문이에요. 안전을 생각하는 어린이는 차를 운전하는 기사님께 이렇게 말해요. "기사님, 제가 잘 내렸는지 확인하고 출발해 주세요."

정답: ②

안전 교육은 □□을 소중하게 여기는 교육이다.
(정답: 생명)

명 (命) 목숨

명령: 윗사람이 아랫사람에게 무엇을 하게 함.
수명: 생물이 살도록 정해진 햇수.
운명: 인간을 포함한 모든 것을 지배하는 초인간적인 힘.

전기 안전

전기는 생명체처럼 움직이며 우리와 함께 살아요. 전기는 큰 도움을 주지만 한순간에 재앙을 일으키기도 해요.

그림을 보고 알맞게 행동한 것은?
① 손에 물이 묻었을 때는 전기 기구의 플러그를 만지지 않았다.
② 손에 물이 묻었을 때 콘센트에 꽂혀 있던 플러그의 전깃줄을 잡아당겨 뽑았다.

감전은 몸에 전기가 흐르는 것을 말해요. 감전되면 순간적으로 충격을 받아 화상을 입거나 목숨을 잃을 수 있어요. 전기는 생활에 꼭 필요한 에너지이지만 잘못 사용하면 목숨을 빼앗아 가는 무서운 힘을 가지고 있어요. 물은 공기보다 전기가 더 잘 통하기 때문에 물이 묻은 손으로 전기 제품을 만지지 않아야 해요.

정답: ①

잘 사용하면 약이 되고, 잘못 사용하면 독이 되는 것이 바로 ☐☐ 이다. (정답: 전기)

전 (電) 번개

전기가오리: 가슴지느러미와 머리 사이에서 전기를 일으켜 적을 막는 바닷물고기.
전철: 전기로 철도 위를 달리는 전동차.
전봇대: 전선이나 통신선을 늘여 매기 위하여 세운 기둥.

콘센트

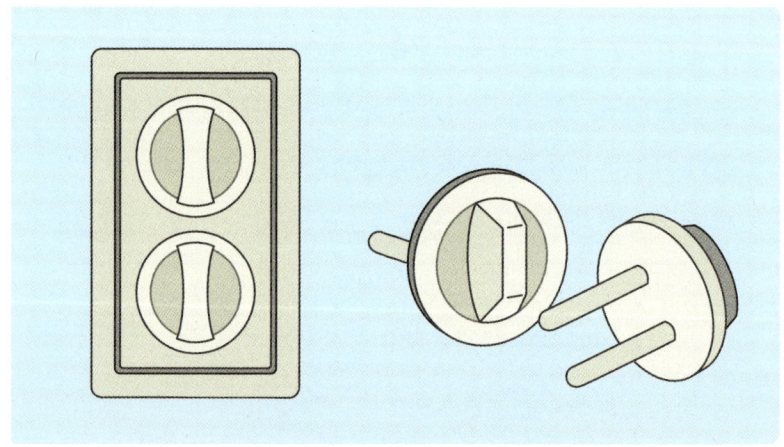

콘센트에 먼지가 끼거나 물기가 들어가는 것을 예방하기 위해 안전 덮개를 설치합니다.

전기 제품을 사용하려면 전기가 흐르는 콘센트가 필요해요. 그래서 콘센트를 이용할 때는 주의해야 해요.

그림을 보고 알맞게 해석한 것은?
① 콘센트에 안전 덮개를 덮으면 공기가 들어가지 않아 화재를 예방할 수 있다.
② 콘센트에 안전 덮개를 덮으면 먼지가 들어가지 않아 화재를 예방할 수 있다.

콘센트는 전기 제품의 플러그를 꽂는 기구예요. 콘센트에 먼지가 많이 쌓이면 누전이 돼요. '누전'은 전기가 전깃줄 밖으로 새어 나오는 것을 말해요. 새어 나온 전기는 먼지에 불을 붙게 해요. 처음에는 먼지의 불씨가 작지만, 주변으로 번지면 큰불이 돼요. 가정에는 누전을 막기 위해서 누전 차단기를 설치해요.

정답: ②

오래된 건물은 [　　]으로 인해 화재가 발생할 위험이 매우 크다. (정답: 누전)

누
(漏)
새다

누수: 물이 샘.
누설: 비밀이 새어 나감.
누전 차단기: 새어 나온 전기가 일정한 값을 넘었을 때, 전원을 차단하는 장치.

문어발식 배선 사용은 위험해요

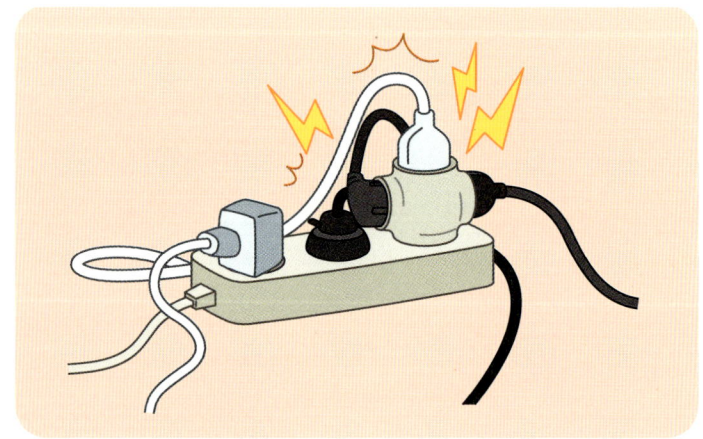

문어발식 배선 사용은 위험해요.

'문어발식'이라는 말을 들어 보았나요? 기업에서 문어의 발처럼 여러 갈래로 사업 분야를 늘리는 것을 말해요.

글과 그림을 읽고 알맞게 추론한 것은?
① 문어의 발이 8개이기 때문에 콘센트에 8개 이상의 플러그를 꽂으면 위험하다.
② 문어의 발이 여럿인 것처럼 콘센트에 여러 개의 플러그를 꽂아 문어발처럼 되면 위험하다.

콘센트에 여러 개의 플러그를 한꺼번에 꽂는 '문어발식 사용'은 매우 위험해요. 플러그가 지나치게 뜨거워지면 화재가 발생할 수 있기 때문이에요. 특히 멀티탭에 과하게 많은 전기 제품을 연결하면 전력의 과부하로 불이 날 위험이 커져요. 따라서 전자제품을 사용할 때는 반드시 안전한 범위 내에서 플러그를 꽂아야 해요. 그리고 사용하지 않는 전기 제품은 플러그를 뽑아 놓아야 해요.

정답: ②

☐☐☐☐ 으로 회사를 늘리면 많은 회사원을 뽑아야 한다. (정답: 문어발식)

식(式)법

기념식: 어떤 일을 기념하기 위하여 행하는 공식적인 의식.
신식: 새로운 방식이나 형식.
형식: 일과 물건이 외부로 나타나 보이는 모양.

가정용 소화기 사용법

① 안전핀을 뽑아요.

② 실외는 바람을 등지고, 실내는 탈출용 문을 등지고 서서 호스를 불 방향으로 향하게 해요.

③ 손잡이를 힘껏 움켜쥐어요.

④ 불이 난 곳에 빗자루로 쓸 듯이 골고루 뿌려요.

불이 나지 않게 화재 예방에 힘을 쏟는 게 우선이에요. 그래도 각 가정에는 소화기를 꼭 구비하고 있어야 해요.

그림 자료를 보고 알맞게 이해한 것은?
① 호스 노즐이 창문 방향으로 향하게 해야 한다.
② 탈출할 문을 등지고 서서 불이 난 곳에 뿌려야 한다.

소화기는 불을 끄는 기구를 말해요. 어디에서나 불이 나지 않도록 예방하는 것이 가장 중요해요. 만일 집에 불이 난다면 소화기를 올바르게 사용해야 해요. 제일 먼저 소화기를 불이 난 곳으로 들고 가야 해요. 그리고 안전핀을 뽑아야 해요. 불에 너무 가까이 가면 위험해요. 2~3미터 앞에서 호스 노즐을 불로 향하게 한 다음, 손잡이를 힘껏 누르면 분말이 나가요. 반드시 대피할 출입문을 등지고 분말을 뿌려야 해요.

정답: ②

소화기 ☐☐ 은 누구나 알고 있어야 한다. (정답: 사용법)

사
(使)
부리다

사명감: 주어진 임무를 잘 수행하려는 마음가짐.
사용료: 사용한 값으로 내는 요금.
행사: 부려서 씀.

취급 주의

택배 상품을 보고 기대하는 마음이 크면 급하게 상자를 뜯기도 해요. 그렇게 하면 문제가 발생할 수 있어요.

택배 상자의 글과 그림을 보고 알맞게 해석한 것은?
① 이 표시가 있는 제품은 우산을 씌워 줘야 한다.
② 이 표시가 있는 제품은 깨지지 않게 조심해서 옮겨야 한다.

물건을 보내는 사람, 물건을 옮기는 사람, 물건을 받는 사람은 '취급 주의'를 꼭 확인해야 해요. 택배 물품을 개봉할 때도 택배 물품을 올바르게 놓아야 해요. 칼을 함부로 사용하면 소중한 제품에 흠이 날 수도 있어요. '취급 주의' 표시는 택배 상품을 옮기는 사람들을 위해 만들지만, 모두가 알면 좋아요. '우산' 표시는 제품에 물기가 닿지 않도록 취급하라는 뜻이에요.

정답: ②

과학 실험 약품을 안전하게 ☐☐ 하려면 교과서 내용을 잘 이해해야 한다. (정답: 취급)

취 (取) 취하다

섭취: 좋은 요소를 받아들임.

채취: 풀, 나무, 광석 따위를 찾아 베거나 캐거나 하여 얻어 냄.

취소: 발표한 의사를 거두어들이거나 예정된 일을 없애 버림.

낙서 금지

　조상들이 물려주신 소중한 국가유산을 보호하는 일은 우리 모두의 의무예요. 나의 안전과 함께 국가유산의 안전을 생각하는 태도를 길러봐요.

국가유산 앞에 있는 표지판 그림을 보고 알맞게 해석한 것은?
① 벽에 스프레이를 뿌리면 안 된다는 말이다.
② 벽에 글자, 그림을 장난으로 쓰면 안 된다는 말이다.

'스프레이'는 머리를 원하는 모양으로 고정하는 데 쓰는 미용 재료를 말해요. 요즘 우리 주변 곳곳에 '래커'로 낙서를 하는 사람들이 많아요. 만일 여러 가지 색깔의 래커로 국가유산의 건물이나 벽에 낙서하면 많은 사람이 속상하고 안타까울 거예요. 국가유산에 낙서하면 법에 따라 처벌을 받게 돼요. 소중한 국가유산은 우리 모두 잘 가꾸어야 해요. 안전하게 관람하면서 국가유산을 안전하게 지켜 주도록 해요.

정답: ②

나라에서 관리하는 국가유산뿐만 아니라 주변의 모든 건물에 ☐☐ 하지 않도록 주의해야 한다. (정답: 낙서)

금 (禁) 금하다

금연: 담배를 피우는 것을 금함.
엄금: 엄하게 금지함.
금기어: 마음에 꺼려서 하지 않거나 피하는 말.

[대기] 좋음

　오염된 공기는 우리의 안전을 위협해요. 우리의 안전과 건강을 위해 깨끗한 공기가 필요해요.

마을버스 안내판을 알맞게 해석한 것은?
① '[대기] 좋음'은 마을버스를 기다려도 좋다는 말이다.
② '[대기] 좋음'은 공기가 맑다는 말이다.

우리 주변에 있는 안내판에는 여러 가지 정보가 있어요. 안내판에 있는 정보를 잘 읽으면 우리 생활에 도움이 돼요. '대기'라는 단어는 '공기'를 가리키는 말도 되고, '큰 그릇'이라는 말도 되고, '때나 기회를 기다림'이라는 말도 돼요. 마을버스 안내판을 보면 '맑음'이라는 말이 있어요. 그래서 '[대기] 좋음'은 공기가 맑다는 뜻이에요.

정답: ②

이른 봄에는 ☐☐의 질이 좋지 않아 외출 전에 마스크를 착용해야 한다. (정답: 대기)

기
(氣)
기운

감기: 바이러스로 말미암아 코가 막히고 열이 나며 머리가 아픈 병.
활기: 활동력이 있거나 활발한 기운.
수증기: 기체 상태로 되어 있는 물.

미세요

　단어의 뜻을 잘 알지만 실천하지 않아서 다치는 경우가 있어요. 출입문에 적힌 단어대로 실천하지 않으면 다칠 수 있어요.

'미세요'를 읽고 알맞게 판단한 것은?
① 바깥에서 안쪽으로 출입문을 밀고 들어가야 한다.
② '미세요'가 적힌 출입문의 반대쪽에도 '당기세요'가 아닌 '미세요'가 적혀 있다.

'미세요'와 '당기세요'를 잘 읽고 실천하는 어린이는 안전 문해력이 높아요. 우리가 자주 보는 단어도 그 뜻에 맞게 행동으로 실천하지 않는 경우가 많아요. 그렇게 되면 문제가 일어날 수 있어요. '미세요'가 적힌 문을 당기거나 '당기세요'가 적힌 문을 밀면 출입문을 이용하는 사람들이 서로 부딪칠 수 있어요.

정답: ①

☐☐ 에 있는 자물쇠의 비밀번호를 기억하지 못하면 문을 열 수 없다. (정답: 출입문)

| 문(門) 문 | 항문: 위창자관의 가장 아래쪽에 있는 구멍.
광화문: 경복궁의 정문.
홍인지문: 조선 시대에 건립한 한양 도성의 동쪽 정문. |

관람객 안내판

관람객은 어디에서나 규칙을 지켜야 해요. 작은 컵 하나로 다른 사람에게 큰 피해를 줄 수도 있어요.

사진 속 안내판의 글과 그림을 보고 알맞게 판단한 것은?
① 어떤 종류의 음식도 가지고 들어갈 수 없다.
② 매미채나 잠자리채를 가지고 들어갈 수 없다.

관람하기 전에 관람 장소에서 지켜야 할 주의 사항을 잘 읽어야 해요. 많은 사람이 이용하는 곳에서는 특히 관람 예절을 잘 지켜야 해요. 사람들이 많이 모이는 곳에서는 다른 사람을 방해하지 않을 정도의 작은 목소리로 대화하는 게 좋아요.

정답: ②

발 들여놓을 데가 없을 정도로 많은 ☐☐ 이 꽉 들어찬 경우, '입추의 여지가 없다'라고 말한다. (정답: 관람객)

관
(觀)
보다

관점: 일, 물건, 현상을 관찰할 때, 그 사람이 보고 생각하는 태도나 방향 또는 처지.
관광: 다른 지방이나 다른 나라에 가서 그곳의 풍경, 풍습, 문물 따위를 구경함.
관찰: 일, 물건, 현상을 주의하여 자세히 살펴봄.

놀이는 아이의 발달에 도움을 줍니다

① 놀이는 아이의 신체적 발달에 도움을 줍니다.

② 놀이는 아이의 사회성 발달에 도움을 줍니다.

③ 아이의 지적·정서적 발달 및 정신 건강에 도움을 줍니다.

④ 아이의 언어 발달에 도움을 줍니다.

안전 문해력을 기르기 위해서는 잘 놀아야 해요. 놀면서 안전에 대한 지식을 배우고 활용할 수 있어요.

그림의 설명 글을 알맞게 해석한 것은?
① 잘 놀면 몸과 마음이 잘 자란다.
② 잘 놀면 노래를 잘 부르고 춤을 잘 춘다.

어린이는 놀이를 무척 좋아해요. 어린이는 학교에서 공부도 하지만 학교에서 놀기도 해요. 학교에서는 친구들과 함께 놀 수 있어서 참 좋아요. 친구들과 놀면 서로 사이좋게 지낼 수 있어요. 놀이할 때 서로 양보하면 더 즐겁게 놀 수 있어요. 잘 놀면 몸이 건강해져요. 놀이는 마음 건강에도 좋아요. 잘 놀면 몸과 마음이 튼튼해져요.

정답: ①

운동은 어린이의 마음에 일어나는 여러 가지 감정의 ☐☐ 에 좋다. (정답: 발달)

발
(發)
피다

발명: 아직 없던 기술이나 물건을 새로 생각해 만들어 냄.
출발: 목적지를 향해 나아감.
돌발: 뜻밖의 일이 갑자기 일어남.

약봉지 안내문

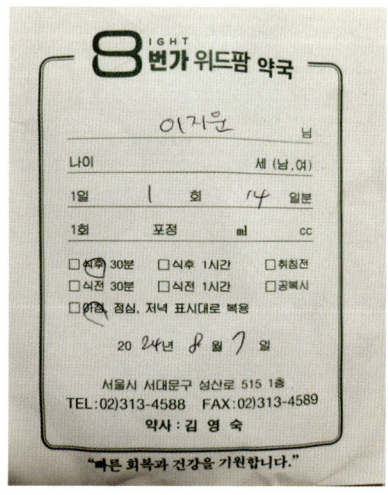

병이 나면 병원에 가서 진료받은 뒤에 약국에서 약을 지어요. 약을 먹으면 아픔이나 괴로움이 줄어들어요.

약봉지의 안내문을 읽고 내용을 알맞게 확인한 것은?
① 하루에 세 번 복용해야 한다.
② 아침밥을 먹고 30분 뒤에 복용해야 한다.

어린이는 보호자와 함께 병원, 약국에 가요. 병원에서 진료받고 병원 의사가 처방전을 써 주면, 약국에서 약사가 약을 지어 줘요. 의사와 약사는 환자가 안전하게 약물 치료를 받도록 복약에 관한 사항을 지도해요. 그것을 '복약 지도'라고 해요. 환자는 복약 지도 내용을 잘 알고 잘 따라야 해요. 하루에 약을 몇 번 먹는지, 약을 먹는 때가 식후인지 식전인지 잘 확인하고 복용해야 해요.

정답: ②

☐☐☐ 에는 약 사용 방법, 약 복용 시기에 관한 내용이 적혀 있다. (정답: 약봉지)

약 (藥) 약

상비약: 병원이나 가정에 늘 준비해 두는 약품.
치약: 이를 닦는 데 쓰는 약.
폭약: 센 압력이나 열을 받으면 폭발하는 물질.

질병 예방 안내

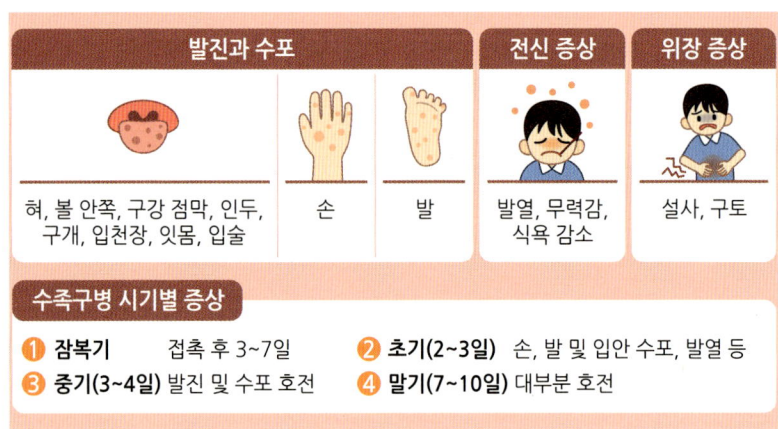

질병을 예방하는 좋은 방법이 있을까요? 잘 먹고 잘 놀고 잘 자고 용변을 잘 보면 질병을 예방할 수 있어요.

'질병 예방 안내' 글과 그림을 보고 알맞게 해석한 것은?
① 수족구병에 걸리면 이틀이 지나면 바로 낫는다.
② 수족구병은 접촉 후 3~7일의 잠복기가 있어서 처음에는 병에 걸린 것을 잘 모를 수도 있다.

수족구병은 주로 어린아이의 손, 발, 입속에 작은 물집이 생기는 병이에요. 수족구병에 걸리면 열이 나고, 입맛이 없어요. 감염력이 높으며 주로 여름철에 병에 잘 걸려요. '수족구병'은 '수(손)', '족(발)', '구(입)', '병(병들다)'이 모여서 만들어진 단어예요. 손 씻기를 잘 해야 수족구병을 예방할 수 있어요.

정답: ②

전염병을 ☐☐ 하기 위해서는 전염병이 퍼지는 곳에 가지 않는 것이 좋다. (정답: 예방)

방
(防)
막다

방부제: 미생물의 활동을 막아 물건이 썩지 않게 하는 약.

방충망: 해로운 벌레들이 날아들지 못하게 창문 같은 곳에 치는 망.

소방: 화재를 진압하거나 예방함.

응급조치 안내

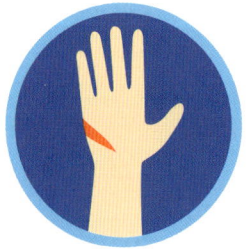

긁혔을 때
· 상처 부위를 씻고 소독한다.

베였을 때
· 출혈 부위를 압박하여 지혈한 뒤 소독한다.

찔렸을 때
· 얕게 박힌 물체는 제거한 뒤 지혈 및 소독한다.
· 깊게 박힌 물체는 빼지 말고 수건 등으로 고정한 뒤 병원으로 간다.

살면서 다치지 않고 지내기는 어려워요. 대신에 다쳤을 때 빠르게 응급조치를 잘하면 돼요.

'응급조치 안내' 그림과 글을 알맞게 확인한 것은?
① 긁혔을 때는 상처가 난 곳을 씻고 소독한다.
② 베였을 때는 베인 부위를 물로 씻고 소독한다.

학교에서는 '칼'을 사용하는 경우가 거의 없어요. 그래서 필통에 칼을 넣고 다니면 안 돼요. '칼'을 쓰다가 잘못하면 손이 베일 수 있어요. '가위'도 마찬가지예요. 그래서 가위도 조심해서 사용해야 해요. 만일 손이 베였다면 피가 나는 부위를 깨끗한 천으로 압박하는 게 좋아요. 물로 씻으면 출혈 부위가 벌어질 수 있기 때문이에요.

정답: ①

심장이 멈춘 사람에게는 자동 심장 충격기로 ☐☐☐☐를 해야 한다. (정답: 응급조치)

응
(應)
응하다

응답하다: 부름이나 물음에 응하여 답하다.
반응: 자극에 대응하여 어떤 현상이 일어남.
대응: 어떤 두 대상이 주어진 어떤 관계에 따라 서로 짝이 되는 일.

촛불 끄는 방법

촛불 끄는 방법
· 촛불을 불어서 끌 때는 사람이 없는 방향으로 불어서 끈다.
· 촛불을 끌 때는 가급적 캔들 스내퍼를 사용한다.
(캔들 스내퍼: 촛불을 끌 수 있도록 금속으로 만든 도구)

가족과 함께 행복한 분위기를 만들기 위해 촛불을 켠 적이 있나요? 그 촛불을 입으로 불어 끈 적이 있나요?

'촛불 끄는 방법' 그림과 글을 읽고 알맞게 판단한 것은?
① 촛불을 끌 때는 입으로 불어서 끈다.
② 촛불을 끌 때는 사람이 없는 방향으로, 입으로 불어서 끈다.

촛농의 온도는 60도가 넘어요. 촛농이 짧은 시간 동안 피부에 닿아도 화상이 생겨요. 특히 사람이 있는 방향을 향해 촛불을 불면 촛농이 날아가 사람이 크게 다칠 수 있어요. 촛농이 눈에 들어가게 되면 매우 위험해요. 사고는 순식간에 일어나요. 안전 문해력으로 우리 모두 우리 가족의 안전을 지켜요.

정답: ②

촛불 끄는 ☐☐을 알면 우리의 안전을 지킬 수 있다. (정답: 방법)

법
(法)
법도

비법: 공개하지 않고 비밀리에 하는 방법.
합법: 법령이나 규범에 적합함.
헌법: 국가의 운영 원칙과 국민의 권리와 의무를 정한 최고의 법.

화재 발생 시 대피 방법

화재는 세상에서 일어나서는 안 되는 일 가운데 하나예요. 하지만 화재는 끊임없이 일어나요.

'화재 발생 시 대피 방법' 그림을 보고 알맞게 판단한 것은?
① 화재가 발생했을 때, 엘리베이터를 타고 아파트의 출입구가 있는 층으로 내려가야 한다.
② 화재가 발생했을 때, 엘리베이터를 타지 않고 물을 묻힌 수건으로 입과 코를 막고 낮은 자세로 이동해야 한다.

예상치 않게 화재가 발생할 수 있으므로 평소에 비상구의 위치를 꼭 알아둬야 해요. 그리고 어떤 방법으로, 어디로 대피할지 미리 생각해야 해요. 불이 난 곳에 따라 대피하는 곳이 달라질 수 있어요. 안내 방송도 잘 들어야 해요. 비상구를 따라 이동할 때는 몸을 최대한 낮추는 게 좋아요. 연기를 마시면 안 돼요. 그래서 물을 적신 수건으로 입과 코를 막고 대피하는 게 좋아요.

정답: ②

바람이 세게 부는 봄, 겨울에는 산에 ☐☐ 가 일어나지 않도록 각별한 주의가 필요하다. (정답: 화재)

재 (災) 재앙

재난: 뜻밖에 일어난 재앙과 고난.
자연재해: 태풍, 가뭄, 홍수, 지진처럼 자연 현상으로 인하여 일어나는 재해.
방재: 폭풍, 홍수, 지진, 화재 따위의 재해를 막는 일.

올바른 손 씻기

① 손바닥을 마주 대고 문지르기

② 손등과 손바닥을 대고 문지르기

③ 손깍지를 끼고 손가락 사이 닦아 주기

④ 두 손 모아 손가락 마주 잡고 비비기

⑤ 엄지손가락을 돌리며 닦아 주기

⑥ 손톱 밑을 손바닥에 문지르며 마무리

여러분은 손을 깨끗이 씻나요? 손은 어떻게 씻어야 깨끗할까요?

그림을 보고 알맞게 이해한 것은?
① 손등과 손등을 마주하고 문지르는 것이 좋다.
② 손바닥과 손바닥을 마주하고 문지르는 것이 좋다.

손에는 약 6만 마리가 넘는 세균이 있다고 해요. 우리는 손으로 다양한 물건을 만져요. 손에 땀이 생기면 세균이 더 잘 번식해요. 손을 씻은 후에 제대로 말리지 않으면 세균이 오히려 번식하기 좋은 조건이 돼요. 세균은 피부가 젖어있을 때 더 잘 번식해요. 그래서 깨끗이 씻은 다음에 손을 잘 말려줘야 해요. 어린이들은 손을 입에 자주 넣어요. 이 습관은 건강에 좋지 않은 습관이에요.

정답: ②

우리 손에는 병을 일으키는 ☐☐ 이 살고 있다. (정답: 세균)

균 (菌) 버섯

살균: 병원성 미생물 따위의 균을 죽임.
병원균: 병의 원인이 되는 균.
항균: 균에 저항함.

119에 전화하기

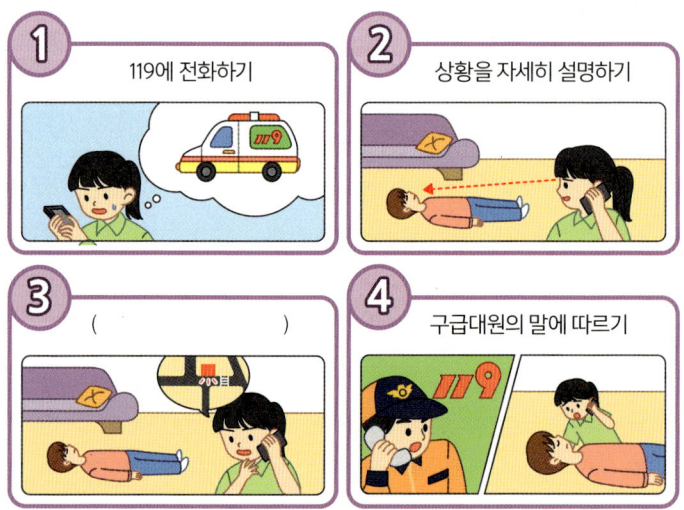

가족이 쓰러졌을 때, 119로 전화하세요. 119 응급 구조사의 안내에 따라 심폐 소생술을 할 수 있어요.

그림을 보고 빈칸에 들어갈 내용을 알맞게 추론한 것은?
① 쓰러진 사람의 이름과 나이를 말한다.
② 쓰러진 사람이 있는 장소를 자세하게 말한다.

긴급한 상황에서 119에 전화할 때는 장소를 먼저 말해야 해요. 그런 다음에 119 응급 구조사가 묻는 말에 상세하게 대답하고 지시에 따라 행동하면 돼요. 긴급할 때일수록 차분하게 대처해야 해요. 그래야 쓰러진 사람을 구할 수 있어요. 어린이가 심폐 소생술을 하기는 무척 힘들어요. 그래서 119 응급 구조사의 말을 잘 듣고 따라 해야 해요.

정답: ②

응급 구조사는 재난을 당해 어려운 처지에 빠진 사람을 ☐☐ 하는 전문가이다. (정답: 구조)

구 (救) 구원하다

구명조끼: 물에 빠져도 몸이 뜰 수 있도록 만든 조끼.
구급상자: 구급약 및 간단한 의료 도구를 넣어 두는 상자.
구출하다: 위험한 상태에서 구해 내다.

캠핑 안전 안내

 캠핑은 사계절에 할 수 있어요. 추운 날 캠핑할 때는 침낭으로 들어가서 자기도 해요.

그림에 있는 푯말에 들어갈 알맞은 말은?
① 텐트 안을 따뜻하게 하면 안 돼요.
② 텐트 안에서는 불을 사용하면 안 돼요.

야영할 때 기온이 급격하게 떨어질 때가 있어요. 이때 텐트 안의 온도를 높이기 위해 난방기를 설치하는 경우가 있어요. 화로나 숯, 뷰테인 가스로 텐트 안의 온도를 높이면 텐트 안에는 일산화탄소가 많아져서 호흡하기 힘들어요. 일산화탄소는 눈에 보이지 않고 냄새도 나지 않아요. 캠핑할 때는 일산화탄소가 발생하는 난방기를 텐트 안에서 사용하면 안 돼요.

정답: ②

텐트를 쳐 놓고 ☐☐ 하는 곳에서는 뛰어다니면 안 된다. (정답: 야영)

야
(野)
들

야생 동물: 산이나 들에서 저절로 나서 자라는 동물.
평야: 높낮이가 작고, 지표면이 평평하고 너른 들.
시야: 시력이 미치는 범위.

식품 정보

식품을 구입하기 전에는 식품에 대한 정보를 꼭 확인해야 해요. '식품 정보' 확인은 우리 안전을 지키는 일이에요.

'식품 정보' 그림과 표를 보고 알맞게 판단한 것은?
① 소비 기한이 하루 정도 지난 과자는 먹어도 건강에 문제가 없다.
② 가게에서 과자나 음료를 구입할 때 당류의 함량이 얼마인지 확인하는 습관이 필요하다.

우리가 먹는 음식은 우리의 건강에 큰 영향을 줘요. 가게에서 과자나 음료를 살 때는 포장지에 적힌 당류 함량을 꼭 확인하는 습관을 지니는 것이 좋아요. 특히 탄산음료나 오렌지 주스에는 단맛이 나는 당류가 많이 들어 있어, 자주 마시면 건강에 해로울 수 있어요. 소비 기한도 꼭 지키는 것이 중요해요.

정답: ②

과자 봉지에 적힌 영양 [   ]를 보면 지방이 얼마나 들어 있는지 알 수 있다. (정답: 정보)

정 (情) 뜻

다정하다: 정이 많다.
열정적: 어떤 일에 열렬한 애정을 가지고 열중하는 것.
표정: 마음속에 품은 감정이나 정서 따위의 심리 상태가 겉으로 드러남.

안전띠는 생명 띠

　자동차를 탄 뒤에 안전띠를 잘 착용하나요? 안전띠는 자동차, 비행기와 같은 운송 수단을 타다가 사고가 났을 때 충격으로부터 보호하기 위해 좌석에 사람을 고정하는 띠를 말해요.

그림에 어울리는 문구는?
① 안전띠는 우정의 띠입니다.
② 안전띠는 생명의 띠입니다.

'안전띠는 생명 띠'라는 말, 많이 들어 봤죠? 이 말은 우리의 생명을 지키는 중요한 안전 수칙이에요. 자동차를 탈 때는 교통사고에 대비해 언제나 안전띠를 착용해야 해요. 특히 어린이는 앞좌석에 타면 안 돼요. 앞좌석에는 에어백이 설치되어 있어 충돌 시 갑자기 부풀어 오르는 에어백에 목이 꺾이거나 얼굴이 눌려 질식할 위험이 있기 때문이에요. 안전띠 착용과 올바른 좌석 선택은 우리의 생명을 지키는 큰 힘이 돼요.

정답: ②

자동차, 비행기를 탈 때 반드시 ☐☐를 매야 한다.
(정답: 안전띠)

생
(生)
나다

생활: 사람이나 동물이 일정한 환경에서 활동하며 살아감.
생태: 생물이 살아가는 모양이나 상태.
인생: 사람이 세상을 살아가는 일.

안전 생활하기

가족의 안전, 이웃의 안전, 그리고 학교와 사회의 안전을 위해 가족 간에 대화를 나누는 것이 무척 중요해요. 위험한 일이 발생하지 않도록 서로의 안전을 지키는 방법에 관해 이야기를 나누면 더 좋아요.

그림을 보고 알맞게 이해한 것은?
① 자녀의 안전은 부모님이 지켜 주어야 한다.
② 가족은 안전에 관해 대화를 나누어야 한다.

여러분, 우리 모두의 안전을 위해 대화를 나누는 것이 얼마나 중요한지 알고 있나요? 가족 간에 서로의 안전을 지키는 방법에 관해 이야기하면 위험한 일을 미리 예방할 수 있어요. 예를 들어, 길을 건널 때 안전하게 건너는 방법이나 집이나 밖에서 지켜야 할 규칙에 관해 이야기해 보세요. 이렇게 이야기를 나누면 가족뿐 아니라 이웃, 학교, 사회의 안전도 함께 지킬 수 있어요.

정답: ②

안전한 ☐☐ 은 행복한 ☐☐ 을 위한 튼튼한 뿌리다.
(정답: 생활)

활 (活) 살다

활동: 어떤 일의 성과를 거두기 위해 힘씀.
활자: 네모기둥 모양의 금속 윗면에 문자나 기호를 볼록 튀어나오게 새긴 것.
부활: 죽었다가 다시 살아남.

왜 천천히 읽기를 해야 하는가?

'천천히 읽는 책'은 그동안 역사, 과학, 문학, 교육, 지리, 예술, 인물, 여행을 비롯해 다양한 주제와 소재를 다양한 방식으로 펴냈습니다. 왜 천천히 읽자고 하는지 궁금해하는 독자들이 있어서 몇 가지를 밝혀 둡니다.

- '천천히 읽는 책'은 말 그대로 독서 운동에서 '천천히 읽기'를 살리자는 마음을 담았습니다. 천천히 읽기는 '천천히 넓고 깊게 생각하면서 길게 읽자'는 독서 운동입니다.

- 독서 초기에는 쉽고 가벼운 책을 재미있게 읽을 수 있는 방법으로 시작해야겠지요. 그러나 독서에 계속 취미를 붙이기 위해서는 그 단계를 넘어서 책을 깊이 있게 긴 숨으로 읽는 즐거움을 느낄 수 있어야 합니다. 그래야 문해력이 발달합니다.

- 문해력이 발달하는 인지 발달 단계는 대체로 10세에서 15세 사이에 시작합니다. 음식을 천천히 씹으면서 맛을 음미하듯이 조금 어려운 책을 천천히 되씹어 읽으면서 지식을 넘어 새로운 지혜를 깨달을 수 있습니다.

- 독서 방법에는 다독, 정독, 심독이 있습니다. 천천히 읽기는 정독과 심독에서 꼭 필요한 독서 방법입니다. 빨리 많이 읽기는 지식을 엉성하게 쌓아 두기에 그칩니다. 지식을 내 것으로 소화하기 위해서는 정독이 필요하고, 지식을 넘어 지혜로 만들기 위해서는 심독이 필요합니다.

- 어린이들한테는 쉽고 가볍고 알록달록한 책만 주어야 한다고 생각하는 어른들이 있습니다. 그러나 독서력이 높은 아이들은 어렵고 딱딱한 책도 독서력이 낮은 어른들보다 잘 읽습니다. 그런 기쁨을 충족하지 못할 때 반대로 문해력도 발달하지 못하면서 책과 멀어지게 됩니다.

'천천히 읽는 책'은 독서력을 어느 정도 갖춘 10세 이상 어린이부터 청소년과 어른까지 읽는 책들입니다. 어린이, 청소년과 어른들(교사와 학부모)이 함께 천천히 읽으면서 이야기를 나눌 수 있는 읽기 자료가 되기를 바라는 마음에서 만들고 있습니다.